Rückkehr
der Delfine

TVZ

Rückkehr der Delfine

BLOGBEITRÄGE AUS DEM JAHR,
IN DEM WIR
«NORMAL»
NEU DEFINIERTEN

TVZ

Theologischer Verlag Zürich

Der Theologische Verlag Zürich wird vom Bundesamt für Kultur für die Jahre 2021–2024 unterstützt.

Bibliografische Informationen der Deutschen Nationalbibliothek
Die Deutsche Nationalbibliothek verzeichnet diese Publikation in der Deutschen Nationalbibliografie; detaillierte bibliografische Daten sind im Internet über http://dnb.dnb.de abrufbar.

Umschlaggestaltung: Büro Z, Bern, www.bueroz.ch
Layout: Mario Moths, Marl
Druck: CPI books GmbH, Leck

ISBN 978-3-290-18434-6 (Print)
ISBN 978-3-290-18435-3 (E-Book: PDF)
© 2021 Theologischer Verlag Zürich
www.tvz-verlag.ch

INHALT

VORWORT

| Johanna Di Blasi |

«Das Leben wird, selbst wenn es am Ende wieder zur Normalität zurückkehrt, auf andere Weise normal sein, als wir es vor dem Ausbruch gewohnt waren.»

Slavoj Žižek am 13. März 2020 in der NZZ

Als im Februar 2020 Medien berichteten, dass aus Angst vor einer Ausbreitung des Coronavirus der Karneval in Venedig abgesagt werde, haben wir begriffen, dass es wirklich ernst ist. Wir, das RefLab, sind im Monat davor als Social-Media-Plattform der Reformierten Landeskirche Zürich mit neuen Ideen und bunt gemischtem Team *on air* gegangen: als im deutschen Sprachraum in dieser Form singuläre Online-Community, die Fragen stellt und sich Gedanken macht über Glaube, Religion und Spiritualität. Mit Blogposts, Vlogs und Podcasts reagierten wir in den Folgemonaten aus unterschiedlichen Perspektiven auf die unerwartete Lage, die die Welt und auch unser Leben und Arbeiten radikal veränderte: Homeoffice-Pflicht, digitale Konferenzen, Chats statt Zurufe im Büro, Pizza auf der Parkbank, Winken statt Umarmen, *home churching* statt

Präsenzgottesdienst, Sorge um Angehörige und die eigene Gesundheit, Hoffnung auf Impfstoffe.

«Rückkehr der Delfine» versammelt persönliche, literarische, politische und theologische Blogbeiträge aus dem denkwürdigen Jahr eins der reformierten Online-Community, dem Jahr, in dem wir «normal» neu definierten. Es sind dreissig Texte von zehn Autor:innen, die zwischen Februar 2020 und Februar 2021 auf unserer Internetplattform (www.reflab.ch) und parallel auf Social Media erschienen sind. Blogbeiträge wie «Virus vs. Gott» (S. Jütte), «Die Kapsel» (L. Zacchei), «Meine erste Coronaparty» (J. Di Blasi) oder das tausendfach geklickte und vielfach geteilte und kommentierte «Ich will gar nicht zurück!» (M. Schmid) sowie ausgewählte User:innen-Stimmen aus den Kommentarspalten des Lab lassen sich durch die chronologische Anordnung als Logbuch einer Reise ins Ungewisse lesen. Luca Zacchei schreibt in «Coronaelegie»:

> «Die Realität hat mich eingeholt, ich hinke ihr sogar nach, als würde ich nicht ganz in meinem Körper verweilen. Ein aseptischer Körper, mehrmals täglich gewaschene Hände, desinfizierte Finger, geschützte Mundpartie und ungeküsste Wangen. Gesünder und kränker gleichzeitig. Und trotzdem: An die Masken werde ich mich nicht gewöhnen. Ich will es wahrscheinlich auch nicht. Das ist mein Versuch, ein Stück Normalität beizubehalten.»

Seiner Miniatur «Rückkehr der Delfine» ist der Titel dieses Buchs entlehnt. Die Vielfalt der Zugänge, Sichtweisen und Stile spiegelt die Stimmenvielfalt des RefLab als eine Mischung aus Online-Community, Sprachlabor, Thinktank und theologischem Salon. Im RefLab bloggen und podcasten reformierte Theolog:innen, Freestyler, Zukunftsforscher:innen, Poetry-Slammer, postkonfessionelle Nomad:innen und Leute, die sich als Indie-Christ:innen verstehen.

Laboratorien gelten als prototypische Orte der Erfindung von Neuem, ja der Moderne schlechthin. Sie sind gekennzeichnet durch experimentelle, spielerische Zugänge, intensivierte Kreativität und Experimente mit offenem Ausgang. «Gebt mir ein Laboratorium und ich werde die Welt aus den Angeln heben», lautet der Titel eines Essays des französischen Anthropologen und Laborforschers Bruno Latour. Das RefLab ging *viral* über die Schweizer Grenze hinaus – und das ausgerechnet im Jahr der Jahrhundertpandemie! Wir nehmen es als Omen. Unser Anspruch ist es, christlicher Kommunikation neue und überraschende Wege zu bahnen und zeitgenössische spirituelle Perspektiven in digitalsozialen Kanälen hörbar zu machen – und nun erstmals auch in der Gutenberg-Galaxis. Ganz gemäss unserer Devise: «less noise – more conversation!»

MASKEN DER ANGST

| Johanna Di Blasi | 29. Februar 2020 |

Die unheimlichste Maske im diesjährigen Karneval war die Coronamaske.

Ein Ganzkörperschutzanzug, eine Schnabelmaske mit verglasten Augen, passende Handschuhe und ein Stock: So waren mittelalterliche Pestärzte ausgerüstet. Die Schnabelmaske liess die Seuchenärzte wie Krähen aus der Fabelwelt aussehen. Es muss unheimlich gewirkt haben, wenn ein Pestarzt in ein Zimmer eintrat. Wahrscheinlich wäre ich als Patientin bei dem Anblick vor Schreck gestorben. Als ich kürzlich auf die Rekonstruktion eines solchen Kostüms im Berliner Historischen Museum stiess, hielt ich es zunächst für ein Karnevalskostüm oder ein SM-Outfit. Als mir klar wurde, worum es sich handelte, war ich wie elektrisiert. Wir stecken ja selbst in einer Epidemie.

Der rüsselartige Fortsatz hat eine rationale Erklärung, die gleichzeitig irrational erscheint. Rationalität und Irrationalität lassen sich, wenn Angst im Spiel ist, nur schwer auseinanderhalten. In der Schnabelspitze der Schutzmasken der Pestärzte steckten laut der Objektbeschreibung im Museum Säckchen mit duftenden Medizinkräutern und

11

Essenzen, die üblichen Hausmittel gegen diffuse Bedrohung: Wacholder, Amber, Zitronenmelisse, Grüne Minze, Kampfer, Gewürznelken, Myrrhe, Rosen oder Styrax. Davon versprach man sich Schutz gegen tödliche Ansteckung.

Die bizarre Maskerade erschien mir bei meinem Museumsbesuch vor einigen Wochen ungemein weit entfernt: ein Relikt aus einer anderen Zeit, in der sich Märchen, Medizin und Mythen verschränkten. Ich lächelte ein wenig über den Aberglauben mittelalterlicher Menschen, machte ein Handyfoto und ging weiter.

Unheimlicher als der *medico della peste*

Vor wenigen Tagen begegnete mir der Pestarzt überraschend wieder: in einem TV-Beitrag über die Sperrung von sieben norditalienischen Städten und den vorzeitig abgebrochenen Karneval in Venedig. Bilder von bunten Karnevalsfiguren wurden eingeblendet. Ein Sprecher sagte:

> «Die unheimlichste Maske beim diesjährigen Karneval war nicht die des ‹medico della peste›, sondern die Atemschutzmaske, mit der sich Touristen gegen eine Ansteckung mit dem Coronavirus zu schützen versuchten.»

Die drastischen Quarantänemassnahmen in Norditalien liessen an eines der bedeutendsten literarischen Werke des Landes denken: Giovanni Boccaccios «Decamerone». Hier begeben sich zehn junge Menschen in der Hoffnung, der Pest zu entkommen, in einer Villa nahe Florenz in freiwillige Quarantäne und erzählen sich hundert unterhaltsame Novellen. Ablenkung als bewährtes Mittel gegen «Traurigkeit» und «trübe Gedanken».

Noch voriges Jahr habe ich mit meiner taiwanesischen Freundin über asiatische Touristen gelacht, die mit Chirurgenmasken herumlaufen. Sie meinte achselzuckend: «Das hilft vielleicht gegen deren Angst, aber natürlich bringt es nichts.» *Gelacht, dann genäht: Masken*

Inzwischen klebt in der Apotheke bei uns ums Eck ein Zettel mit der Aufschrift: «Atemschutzmasken ausverkauft!» Noch bevor das Virus auf die Stadt übergesprungen ist, ist die Angstepidemie losgebrochen. «Ein bisschen irrational», meint der Apotheker, «und unverhältnismässig, an Influenza sterben weitaus mehr Menschen.»

Wuhan-Apokalypse und *emergency design*

Im chinesischen Wuhan basteln verzweifelte Menschen inzwischen DIY-Schutzanzüge und Masken. Sie stülpen PET-Flaschen längs oder quer über den Kopf, was sie aussehen lässt wie Fische im Glas. Manche bauen zusätzlich kleinere Flaschen, in denen Taschentücher stecken, als Respirationshilfe ein. «The 4 horseman of Wuhan apocalpyse» ist das Foto einer bizarren Maske betitelt, das in sozialen Netzwerken kursiert. Das Schutzbedürfnis kreiert Sicherheitsdesign, das an historische afrikanische Masken, apokalyptische Reiter oder Hollywood-Figuren wie Darth Vader erinnert.

Emergency design haarscharf an der Grenze zur Komik? Ein Karikaturist des frühen 19. Jahrhunderts machte sich über Menschen lustig, die «mit allen Präservativen» gegen die damals grassierende Cholera ankämpften. Die Karikatur zeigt einen Mann mit Gummihaut, Pechpflaster, mehreren Hüllen Flanell, auf der Herzgrube ein kupferner Teller, auf der Brust ein Sandsack, in den Ohren Kampfer, vor der Nase ein Riechfläschchen, in der rechten Hand ein Wacholderstrauch, in der linken ein Akazienbaum und auf dem Kopf eine Suppenterrine. «So versehen und so ausgerüstet ist man sicher die Cholera – am Ersten zu bekommen.»

Infektionspräservative

Vorsichtsmassnahmen gegen unkalkulierbare Gefahren mögen hilflos und gleichzeitig übertrieben erscheinen. Anders sieht es aus, wenn man die psychische und seelische Komponente mitbedenkt. Dem mittelalterlichen Pestarzt mag es die Duftpackung in der Schnabelmaske erleichtert haben, überhaupt den Mut zu fassen, in Zimmer einzutreten, in denen es nach Tod roch.

Ähnliche Effekte mögen Objekte aus dem afrikanisch-schamanistischen Zusammenhang gehabt haben, die die ältere Ethnologie als «Fetische» bezeichnete. In sogenannte «Nkisi» wurden von Medizinkundigen kraftaktivierende Substanzen (*bilongo*) eingearbeitet: bestimmte Kräuter und Essenzen als Verbindungsmittel zu Schutzgeistern (*bansimbi*) und Ahnen. Die psychophysische Dimension vermeintlich «primitiver» Heilrituale ist in der Forschung lange Zeit unterbelichtet geblieben.

Angesichts von Epidemien oder Pandemien merken wir, dass wir ständig im Austausch mit anderen Menschen sind,

14

und wie mühsam es ist, Kontakt und Berührung zu verhindern. Schutzvorkehrungen wie Masken lassen sich neu in den Blick nehmen, wenn man sie als psychophysische Infektionspräservative betrachtet.

Zerquetschte Flügel

Auch unser europäischer Karneval ist vielschichtiger und abgründiger als es scheinen mag. In das taumelnde Fest sozialer Nähe ist das Wissen um Kontaktgefahren und den «mitten im Leben» mittanzenden Tod eingewoben. «Su lang mer noch am Lääve sin», heisst es in einem beliebten Kölner Karnevalslied, das beim Kneipenkarneval ekstatisch gesungen wird. Ich habe vor ein paar Jahren selbst mitgesungen. Ich ging als Engel. Ein Fehler. Meine Flügel wurden in dem überfüllten Lokal, in dem sich Körper an Körper drängte, zerquetscht.

Tragischerweise fiel die Coronainkubationsphase mit dem diesjährigen Karneval zusammen. Infizierte haben sich nachweislich in den Trubel geworfen. In früheren Jahrhunderten haben Menschen in Unkenntnis von Ansteckungsquellen auf den Ausbruch von Epidemien mit Messen und Bittprozessionen reagiert, was jeweils zu sprunghaften Infektionsanstiegen geführt hat.

Die Hafenstadt Venedig, in der täglich Schiffe aus aller Welt anlegten, war besonders exponiert. Allein die Pest brach dort mehr als zwanzigmal aus. Kein Wunder, dass der *medico della peste* oder auch «Schnabeldoktor» neben dem Capitano und Harlekin zu einer Standardmaske im Karneval geworden ist. Dass diese Figur, die mit zutiefst belastenden Erfahrungen in Zusammenhang steht, im Karneval mittanzen darf, ist Ausdruck erfolgreicher Traumabewältigung.

Ich habe mich ins Reflab verirrt und
werde bleiben. | **MICHELLE BLATTER** |

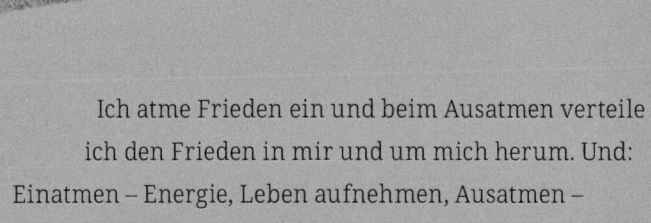

Ich atme Frieden ein und beim Ausatmen verteile
ich den Frieden in mir und um mich herum. Und:
Einatmen – Energie, Leben aufnehmen, Ausatmen –
entspannen, mich loslassen. | **KATHARINA FIEDLER** |

GEWAGTE
MENSCHENFREUNDLICHKEIT

| Manuel Schmid | 21. März 2020 |

Nur Verschwörungstheorien verbreiten sich noch rascher als das Covid-19-Virus.

Die aktuelle Coronakrise hat auch die sozialen Medien in Aufregung versetzt. Und neben vielen Solidaritätsbekundungen und Aufrufen, dass die Ausnahmesituation ernst zu nehmen sei, finden sich in diesen kritischen Tagen und Wochen auch zahlreiche verschrobene, absurde und gefährliche Wortmeldungen.

Nur die Verschwörungstheorien verbreiten sich noch rascher als das Covid-19-Virus, hat der Sektenexperte Hugo Stamm gemeint, und für einmal muss ich ihm Recht geben.

Die «harmlose» Grippe

Ein Arzt aus einem italienischen Spital behauptet, es hätte in Italien in Tat und Wahrheit noch keinen einzigen Coronatoten gegeben – während die Bestattungsinstitute in Italien um Hilfe rufen, weil sie am Limit sind und ihnen buchstäblich die Särge ausgehen.

Ein deutscher Professor äussert auf YouTube die Überzeugung, Covid-19 sei harmloser als jede Grippe und die

18

ganze Krise wäre nur politische Panikmache – während die aktuellen Statistiken eine Verdoppelung der Infiziertenzahlen alle zwei bis drei Tage nahelegen.

Und natürlich glauben manche auch, das Coronavirus sei ein Versuch des Papstes, Europa auszurotten, ein Anschlag der Russen oder der Chinesen auf die westliche Gesellschaft, eine Alien-Invasion und dergleichen. Alle möglichen Leute scheinen im Scheinwerferlicht der Coronakrise ihre *15 minutes of fame* zu geniessen, tragen damit aber oft zur Verwirrung der Bevölkerung und zur Verharmlosung der Situation bei: ein gefährliches Spiel.

oder ...
of shame!

(Un)glaubwürdige Institutionen

Ich frage mich dann immer, worauf Menschen eigentlich ihr Vertrauen setzen. Es ist gewiss kein Geheimnis, dass unsere Institutionen und ihre Verantwortlichen in den vergangenen Jahren enorm an öffentlicher Glaubwürdigkeit eingebüsst haben: Parteien und ihre Politikerinnen und Politiker, Banken und ihre Chefs, Konzerne und ihr Management, Kirchen und ihre Würdenträger ... Sie alle geniessen nicht mehr dasselbe Vertrauen, das ihnen vor zwanzig oder dreissig Jahren noch entgegengebracht wurde.

Verschiedene einschneidende Ereignisse haben zu dieser Entwicklung beigetragen: Immobilienblase, Bankenkrise, Verfehlungen der Pharmaindustrie, Missbrauchsskandale in der Kirche usw. Die Vorsicht (post-)moderner Menschen öffentlichen und wirtschaftlichen Einrichtungen gegenüber ist also nicht ganz unbegründet.

Völlig unbegründet ist aber das Vertrauen, das im Gegenzug allen möglichen Aussenseiterpositionen und Verschwörungstheorien zufliegt. Nur weil eine Person das eigene Misstrauen etwa gegenüber Politikern und Wissenschaftlerinnen teilt, muss sie deswegen noch lange nicht vertrauenswürdig sein: Sie könnte mit ihren Theorien genauso eine verwerfliche, menschenverachtende oder selbstverherrlichende Agenda verfolgen. Der Feind meiner Feinde ist eben nicht automatisch mein Freund.

Es könnte sich auch um einen hobbylosen Selbstdarsteller handeln, der unsere Aufmerksamkeit missbraucht, um sein YouTube-Ranking zu verbessern und seine hanebüchenen Fantasien unter die Leute zu bringen.

Vertrauensmutige Menschen

Es muss sich furchtbar anfühlen, wenn man kaum jemandem mehr zu vertrauen bereit ist, weil man immer von niederen, eigensüchtigen, konspirativen Motiven ausgeht. Eine solche Haltung macht einen zweifellos gerade zu dem, was man verabscheut: Wer das Gefühl hat, dass sich keiner mehr wirklich für einen einsetzt, wer überzeugt ist, von unehrlichen, doppelbödigen Menschen und Institutionen umgeben zu sein – der muss sein Schicksal selbst in die Hand nehmen. Der muss dann eben schauen, dass die eigene Vorratskammer zum Bersten voll ist, dass das eigene Toilettenpapier nicht ausgeht, dass die eigenen Interessen gesichert sind. Und wird eben so zu einer Person, die das Vertrauen anderer nicht mehr verdient hat.

Misstrauen und Feindschaft sind aber das Letzte, was wir gerade brauchen. Was in solchen Zeiten vielmehr gefragt ist, sind Menschen, welche die Bereitschaft aufbringen, Vertrauen zu schenken und es selbst zu verdienen. Damit ist keine blinde, stumpfe Gefolgschaft einem Staat, einer Parteilinie oder einer Kirche gegenüber gemeint, wohl aber der kritische Mut, auch anderen Menschen Vernünftigkeit und Menschenfreundlichkeit zuzutrauen.

Es ist nicht zuletzt der christliche Glaube, der zu solchem Vertrauen ermutigt – nicht, weil er einen verklärten Blick auf die Menschen hat und ihnen keine Dummheiten oder Bosheiten zutraut. Vielmehr weil er davon ausgeht, dass der lebendige Gott mitten unter den Menschen gegenwärtig ist und gerade in Krisenzeiten das Gute, Solidarische, Hingebungsvolle in uns zu wecken vermag.

UNFREIWILLIGE ASKESE

| Johanna Di Blasi | 21. März 2020 |

Können wir in der jetzigen Situation von den christlichen Wüstenvätern etwas lernen?

Eben noch lebte auch ich in jener frenetischen und hyperaktiven Vor-Coronazeit, die mir schon jetzt eigentümlich fern vorkommt. Nun befinde ich mich, wie fast alle, mehr oder weniger in Isolation, und ich stelle mir Fragen, die mir noch vor zwei Wochen absurd erschienen wären: Wie lange noch darf ich mich draussen bewegen, darf ich spazieren gehen oder radfahren? Wird sich der Frühling dieses Jahr ereignen, ohne dass ich zu ihm Zutritt habe? Wie werde ich das über Wochen oder sogar Monate hinweg aushalten, ohne depressiv, bitter oder aggressiv zu werden?

«Pulsierende» Städte wie Berlin, wo ich lebe, sind nun, von einem Tag auf den anderen, soziale und kulturelle Wüsten geworden, und wir entsprechend unfreiwillige Eremiten, Stadtwüstenbewohner.

Können wir in dieser Situation von jenen frühchristlichen Eremiten, die uns eben noch als kauzige Sonderlinge erschienen, etwas lernen?

Karma-Boost der Wüstenväter

Frühchristliche Asketen, wird man einwenden, zogen sich in die Abgeschiedenheit zurück, um zu beten und zu meditieren. Unsere Isolierung gleicht dagegen eher einer Quarantäne. Immerhin aber deutet die namensgebende Zahl vierzig *(quaranta)* [1] eine Verbindung von körperlicher und geistiger Dimension auch bei der Quarantäne an. Jener Aufenthalt Jesu in der Wüste, der als Moment der Entscheidung und Begegnung mit Gott und Vorbild für die christlich-eremitische Lebensweise gilt, dauerte laut Evangelien vierzig Tage. Davon leitet sich auch die vierzigtägige Fastenzeit ab, in der wir uns gerade befinden.

Aber eben: Die damaligen Eremiten zogen sich freiwillig zurück, während unser Rückzug eher den Charakter einer staatlich verordneten Zwangsmassnahme aufgrund einer Notsituation hat.

Doch vielleicht ist auch hier der Unterschied weniger trennscharf, als es zunächst scheint: Den historischen Hintergrund der frühen Eremiten- und Klosterbewegung bildeten die kriegerischen Völkerwanderungen. Diese mögen, wie manche Studien nahelegen, den Wunsch nach Rückzug, Ruhe und Sicherheit nicht unwesentlich mitbeeinflusst haben.

Unseren Dämonen begegnen

Die offensichtlichste Parallele scheint nun darin zu bestehen, dass wir, wie damals die Eremiten, durch die Coronaquarantäne auf uns selbst zurückgeworfen werden, und, wenn ein Ende der Pandemie weiterhin unabsehbar bleibt, wir es verstärkt mit unseren «Dämonen» zu tun bekommen. Besonders hier können wir auf interessante Einsichten hoffen.

Wüstenväter wie Euagrios Pontikos, ein Grieche, der sich im vierten Jahrhundert in der ägyptischen Wüste zurückgezogen hat, wurden in der Abgeschiedenheit zu regelrechten Akrobaten der Abwehr seelischer Ansteckungen: sei es mit Angst, Zweifeln oder schwerer Trübsal. Euagrios entwickelte eine eigene Methode des Umgangs mit widerstrebenden Geistern: die «antirrhetische Methode» oder Methode der Gegenrede.

Die antirrhetische Methode

Die antirrhetische Methode erscheint simpel und ist doch höchst anspruchsvoll. Sie besteht darin, jedem schwächenden oder kränkenden Gedanken einen stärkenden und ermutigenden Gedanken gegenüberzustellen – und beide Seelenbereiche, den konstruktiven und den destruktiven, miteinander ins Gespräch zu bringen. Die Voraussetzung bildet schonungslose Introspektion. Euagrios empfiehlt:

> «Sollte ein Mensch aus eigener Erfahrung die schlimmen Dämonen kennenlernen und sich mit ihrer Kunst vertraut machen wollen, rate ich ihm, gut seine Gedanken zu beobachten. Achten sollte er auf ihre Intensität, auch darauf, wann sie nachlassen, wann sie entstehen und wieder vergehen.» [2]

Das klingt fast schon wie moderne Psychologie. Die Methode des Euagrios lässt sich als ein Mittel der geistigen oder spirituellen Hygiene und Immunstärkung ansehen und empfehlen. Es ist ein Mittel, dass, anders als materielle Desinfektionsmittel, glücklicherweise nicht so leicht ausgehen kann.

Selbstsabotage in der Isolation

Wie sehen «Versuchungen» in Corona-Quarantäne-Zeiten aus? Ich spüre bei mir eine Neigung, Worst-Case-Szenarien auszumalen. Ich werde mich diesen aber jetzt bewusst nicht hingeben, denn ich kenne das Resultat: Erst malt man den Teufel an die Wand, dann versinkt man in selbst erzeugten Angstbildern, um schliesslich in Panik auszubrechen und in Angst unterzugehen. Man macht sich fertig, noch ehe ein Virus oder eine andere durchaus reale Gefahr die Chance erhält, dies zu erledigen. *Im Panik-Karussell* ☹

Bei manchen Menschen gibt es die fatale Neigung, sich exakt in Momenten, in denen ein Karma-Boost gefragt ist, selbst zu schwächen. Introspektion kann selbstschwächende Dynamiken aufdecken, die oft unbewusst wirken. Mitunter sind es seit Kindertagen vertraute Muster inadäquater Stressbewältigung.

Fraglich bleibt indes, ob wir im fortgeschrittenen Medienzeitalter und erst recht in der coronagepeitschten Gegenwart hektischer Liveticker überhaupt die notwendige innere Sammlung finden, die die Voraussetzung sorgfältiger Selbstbeobachtung ist. Denn hier liegt ein entscheidender Unterschied zwischen der «Wüste» der Asketen und unseren gegenwärtigen Sozialwüsten, zwischen der Klausur des Klosters und der häuslichen Klausur mit Breitbandanschluss.

Von der Pandemie zur Pandämonie

Der Philosoph und Medientheoretiker Boris Groys hat einmal festgestellt, dass es unter der Kondition des World Wide Web im Prinzip kein psychisches Unbewusstes mehr gibt. Alles Abgründige, jegliches Begehren und jede erdenkliche Sorge, Angst oder Horrorvorstellung tritt durch das Internet immer und prinzipiell für alle offen zutage.

Im digitalen Zeitalter müssen wir uns nicht nur mit den eigenen Dämonen herumschlagen, die fürchterlich genug sein können, sondern mit der Panik, den überschiessenden Ängsten und den Fake News der ganzen Welt – und zwar permanent.

Nach der asketischen Matrix kehrte man der Welt und ihrem Trubel den Rücken, um in der Abgeschiedenheit sich selbst und Gott zu begegnen. Heute erscheint das Prinzip auf den Kopf gestellt: Wir fliehen nach draussen, in die Strassen, die Parks, die Berge, um zur Besinnung zu kommen, weil wir im Inneren keine Ruhe finden, sondern andauernden Attacken durch alarmierende, stressende und empörende Memes ausgesetzt sind. Insbesondere in sozialen Medien sorgen wir alle für die virale Durchseuchung unserer intimsten, vormals privaten Sphären.

Kommunikation – aber am richtigen Ort

Die Gefahr ist real, dass sich in der gegenwärtigen Zeit gerade die Nachteile addieren: Wir sind zur Isolation verdonnert, brauchen aber Informationen, Kommunikation und Ablenkung. Wir setzen uns vorbehaltlos dem Internet aus, das, so hilfreich es oft auch sein mag, zugleich die denkbar grösste Info-Virenschleuder ist. Wir leben notgedrungen zurückgezogen, finden aber keine Ruhe, sondern sind umso stärker kollektiven Panikwellen ausgesetzt. Wir schlittern von der Pandemie in die Pandämonie.

Eine heutige antirrhetische Methode müsste uns entsprechend helfen, Wichtiges und Dienliches von Zerstörerischem zu trennen. Wenn wir Userinnen und User einigermassen gelernt haben, mit Antivirenprogrammen umzugehen, müssen wir, gerade in Zeiten der Zwangsaskese, lernen, psychische Firewalls aufzubauen und seelische Antivirenprogramme zu implementieren, die uns vor einem Übermass an schwächenden Informationen, an seelischer und geistiger Infektion schützen.

[1] Zur Seuchenschutzpolitik im mittelalterlichen Venedig gehörte, dass verdächtige Schiffe vierzig Tage, *quaranta giorni*, zuwarten mussten, bevor man sie in den Hafen einfahren liess.

[2] Zit. nach Anselm Grün, Der Himmel beginnt in dir. Das Wissen der Wüstenväter für heute, Freiburg: Herder 1994, S. 61.

DAS TROLLEY-DILEMMA

| Stephan Jütte | 22. März 2020 |

**Wir entscheiden jetzt alle gemeinsam darüber,
wer wir sein werden, wenn diese Krise vorbei ist.**

Weil die Plätze für intensivmedizinische Betreuung knapp
werden und das medizinische Personal klare Kriterien
braucht, um die Patient:innen zu verteilen, haben die
Schweizerische Akademie für Medizinische Wissenschaften zusammen mit der Schweizerischen Gesellschaft für
Intensivmedizin eine Richtlinie erlassen.

Die medizinethischen Kriterien «Gutes tun, Nichtscha-
den, Respekt vor der Autonomie und Gerechtigkeit» sind
dabei leitend für die Entscheidungsfindung darüber, wem,
in welchem Umfang, welche Hilfe unter Bedingungen der
Ressourcenknappheit zukommen soll.

Die Richtlinien halten explizit fest, dass zusätzliche Kriterien «wie Losverfahren, *first come, first served*, Priorisie-
rung von Menschen, die einen hohen gesellschaftlichen
Wert haben usw.» nicht zur Anwendung gelangen dürfen.

Als Laie beeindruckt mich dieses Papier. Es ist ein ech-
ter Anwendungsfall von Ethik. Mit diesen Kriterien wird in
den nächsten Wochen über die Zuteilung lebenserhaltender

und lebensrettender Massnahmen entschieden werden. Die Empfehlungen sind konkret und verfolgen insgesamt das Ziel, eine «grösstmögliche Anzahl von Leben» zu retten. Das Trolley-Problem [1] – dieses moralische Gedankenexperiment, in dem du entscheiden musst, ob du ein Leben opferst, um fünf Leben zu retten – wird hier differenziert, umsichtig und in verständlicher Form beantwortet. Lösen kann man es nicht. Aber es gibt bessere und schlechtere Antworten. Und die Antwort dieser Richtlinie ist sehr gut.

Grenzwertig

Das Trolley-Problem ist deshalb so interessant, weil an ihm die Prinzipien der ethischen Urteilsfindung beobachtbar werden. Und weil man immer weiter problematisieren kann: Was, wenn die Frau, die durch mein Umstellen der Weiche getötet wird, ein Krebsmedikament entwickelt und ihre Ergebnisse noch nicht weitergegeben hat? Was, wenn sie die Präsidentin der Vereinigten Staaten ist und in Kürze den Frieden für den Nahen Osten aushandeln würde? Was, wenn sie zu Hause fünf Kinder hat, für die sie alleine sorgt?

Und natürlich muss man fragen, ob die Versuchsanordnung hinreichend erklärt ist. Sind alle Betroffenen berücksichtigt? Denn wenn nicht, ist das Trolley-Problem nicht mehr als kinderleichtes Kopfrechnen. Und dann gibt es noch diese Kardinalsunterscheidung zwischen Ereignis und Handlung: Es ist nämlich nicht dasselbe, den Hinterbliebenen zu erklären, dass jemand gestorben ist durch einen Unfall, wie ihnen mitzuteilen, dass jemand die Wei-

Drum wäre wichtig zu wissen, ob ⚙ aus Labor kommt?

che umgestellt und ihn getötet hat. Vor allem nicht für den Menschen, der die Weiche umstellt.

Die Richtline schlägt vor, die fünf Menschen zu retten, ausser sie sterben ohnehin binnen 24 Monaten. Das ist weder richtig noch falsch. Es scheint mir aber ziemlich vernünftig. Und einigermassen praktikabel.

Europa auf der Intensivstation

Europa hat keine solche Richtlinie, an der sie sich orientiert. Aber wie das halt so ist bei moralischen Gedankenexperimenten: Du kannst nicht nicht entscheiden. Wir Europäer:innen entscheiden uns gerade, dass die über 20'000 Menschen im Auffanglager auf Lesbos geopfert werden dürfen. Während wir unsere Hände waschen und zu Hause bleiben, haben sie auf 100 Personen eine Toilette und kein Zuhause. Logisch: Das Lager ist zehnfach überbelegt! Unser Kriterium ist nicht wie in den Spitälern eine «grösstmögliche Anzahl von Leben» zu retten. Sondern das Leben von Europäer:innen möglichst angenehm zu halten.

Diese Menschen zählen nichts. Ihre Leben waren uns gleichgültig, als Assad sie weggebombt hat. Und jetzt, wo wir «im Krieg» gegen Covid-19 sind, können wir ihnen erst recht nicht helfen. Europa ist aber nicht einfach eine geografische Fläche mit verschiedenen zugehörigen Nationalstaaten. Europa ist eine Idee. Und ein Glaube an universale Menschenrechte. Europa sagt: «Es darf dir hier in Bern nicht egal sein, was 2500 km südöstlich mit den Menschen geschieht.» Europa hat Werte definiert, zu denen es sich bekennt. Im Artikel 15 der Konvention zum Schutze der Menschenrechte und Grundfreiheiten ist der «Notstandsfall» definiert, in dem wir uns jetzt wähnen:

> «Wird das Leben der Nation durch Krieg oder einen anderen öffentlichen Notstand bedroht, so kann jede Hohe Vertragspartei Massnahmen treffen, die von den in dieser Konvention vorgesehenen Verpflichtungen abweichen, jedoch nur, soweit es die Lage unbedingt erfordert und wenn die Massnahmen nicht im Widerspruch zu den sonstigen völkerrechtlichen Verpflichtungen der Vertragspartei stehen.»

Falsches Dilemma

Wir haben die Aufgabe nicht begriffen. Die Frage an uns Europäer:innen ist nicht, ob der Trolley in eine kleinere oder grössere Menschenmenge fährt. Die Frage, die sich uns stellt, ist folgende:

Der Trolley fährt seit Wochen und Monaten täglich in eine Menschenmenge. Dürfen sie über deinen Gartenzaun klettern, um sich in Sicherheit zu bringen, oder beschiesst du sie mit Gummischrot, Wasserwerfern und Tränengas, weil du nicht genügend Zelte hast, in denen sie übernachten können? *Unmenschlichkeit bedroht stärker als*

So oder so. Du kannst nicht nicht antworten. *Viren!*

#LEAVENOONEBEHIND

Du kannst hier eine Onlinepetition unterschreiben. Du kannst Geld spenden, damit das Anliegen mehr Menschen erreicht. Du kannst in den sozialen Medien darüber sprechen, damit dein Umfeld diese Menschen nicht vergisst. Das geht alles von zu Hause aus.

Wir entscheiden jetzt alle gemeinsam darüber, wer wir sein werden, wenn diese Krise vorbei ist. Wir können nicht nicht antworten. Und es liegen Welten zwischen einem Ereignis und einer Handlung, zwischen dem, was uns passiert, und dem, was wir zulassen.

[1] Eine Strassenbahn ist ausser Kontrolle geraten und droht, fünf Personen zu überrollen. Durch Umstellen einer Weiche kann die Strassenbahn auf ein anderes Gleis umgeleitet werden. Unglücklicherweise befindet sich dort eine weitere Person. Darf (durch Umlegen der Weiche) der Tod einer Person in Kauf genommen werden, um das Leben von fünf Personen zu retten? (Fassung von Philippa Foot: The Problem of Abortion and the Doctrine of the Double Effect, in: Virtues and Vices, Basil Blackwell, Oxford 1978.)

Nach einigen Jahren des «Dekonstruierens» bin ich jetzt an einem Punkt, an dem ich mich mit meinem Glauben und meiner Gottesbeziehung überwiegend wohl fühle. Wahrscheinlich werde ich immer dazu neigen, mit einem inneren «Ja, aber ...!» zu reagieren, wo andere fröhlich «Amen!» rufen – einfach weil Gott und die Welt und das Leben nun mal ziemlich komplex sind und ich dieser Komplexität nicht aus dem Weg gehen kann oder will. Das ist anstrengend, aber mittlerweile für mich auch völlig in Ordnung. | **EOWYN** |

VIRUS VS. GOTT

| Stephan Jütte | 25. März 2020 |

Gestorben wird immer. Aber jetzt gerade schauen wir an unzähligen Livetickern gebannt dabei zu. Um Gottes willen. Das darf doch nicht wahr sein!

Wieder 700 Tote in Italien. Es wird einem Angst und Bange. Und ja, es gibt immer auch jene, die bereit sind, solche Schicksale in einen grossen Plan einzuordnen (Gott straft uns. Die Endzeit bricht an.) oder in der Pandemie Gottes pädagogisches Geschick zu erkennen. Aber von all diesen Verlegenheiten will ich jetzt gar nicht reden.

Unsere Gottheiten

Ich glaube nämlich, die Frage nach Gottes Gerechtigkeit angesichts des Bösen ist das beste Argument gegen Gott. Gott, der Herr, «der alles so herrlich regieret», hat unser Vertrauen offensichtlich nicht verdient. Und das ist gut so. Und das ist manchmal auch schmerzhaft. Aber das wissen wir längst. Gott lässt zu, dass Kinder verhungern, Frauen vergewaltigt und Männer zu Tode gefoltert werden – es können auch Kinder vergewaltigt und Frauen gefoltert werden und Männer verhungern und es gibt Menschen, die als Kind gehungert haben, als Erwachsene vergewaltigt worden sind, bevor man sie zu Tode gefoltert hat. Das ist zwar furchtbar, aber nicht unausweichlich. Es geschieht aufgrund dessen, was wir tun und unterlassen. Aber ein Tsunami, ein Virus oder ein Erdbeben sind nicht auf menschliches Verhalten, sondern auf die Beschaffenheit der Welt zurückzuführen. Und man könnte sagen: Wenn Gott nicht würfelt, so verteilt er mindestens die Karten nicht sehr fair.

Äusserst verwirrend ...

Man und vor allem Frau hat deshalb nach den Schrecken zweier Weltkriege diesen preussischen Gott durch eine mütterlichere Figur ersetzt, die zwar nicht ganz so mächtig, dafür aber viel liebevoller ist. Diese Gottheit will unser Bestes, hat aber die Möglichkeit dazu in unsere eigenen Hände gelegt. So bleibt ihr nicht viel mehr, als mit uns zusammen zu hoffen. «Dein Wille geschehe» wird dann mehr zum Anfeuerungsruf als zur Bekundung eigener Hingabe. Diese Variante gibt es auch für die Nerds unter den Denkerinnen und Denkern. Das heisst dann Prozesstheologie und ist im Selbstverständnis ihrer Anhänger:innen höchst rational. Aber auch etwas blutleer. Viel sinnlicher geht es da bei denen zu, die an mehrere Götter glauben. Gott liegt dort im Streit mit einem Widersacher, der die Menschen zu Grausamkeiten verführt, Krankheiten über sie bringt und sie mit Hagel, Missernten und Tsunamis quält. Das ist beängstigend und vielleicht hat diese Angst dazu geführt, dass diese Christ:innen tendenziell mehr singen als andere. Das Leben kommt dann als eine zeitliche Bewährungsprobe in den Blick, die darüber entscheidet, ob man es in der kommenden Ewigkeit – auch das ist äusserst verwirrend – mit Gott oder seinem Widersacher zu tun haben wird.

Irgendwie auch Macht

Alle diese Zugänge haben etwas für sich: Der Preussen-Gott gibt Sicherheit, die Mutter-Gottheit schenkt emotionale Nähe (und stellt eine tolle Projektionsfläche für Ablösungsängste dar), die Nerd-Gottheit hilft Handlung von Wirkung zu unterscheiden und der Teufel erinnert an die Worte von Jesus: «Mein Reich ist nicht von dieser Welt.» Das Schöne am Glauben ist, dass er uns nicht zwingt, ein für alle Mal zu wählen. Glauben ist wie hoffen, nur dass man manchmal gar nicht genau weiss, was. Darum ist glauben mehr wie vertrauen. Manchmal auf den, der alles im Griff hat, manchmal auf die, bei der ich immer willkommen bin. Und für manche auf einen kosmischen Quantencomputer, der alles zur möglichst besten Version lenkt. Irgendwie. Oder einen Gott unter anderen, der wie Prometheus für uns kämpft gegen die bösen Götter.

Ohnehin: Wir sollen uns ja kein Bild von ihr machen. Oder anders: Wir brauchen vielleicht viele verschiedene Bilder. Und so lange ich eins finde, zu dem ich beten kann, bleibt mein Gott gütig. Und das ist ja auch irgendwie eine Art Macht, oder?

RÜCKKEHR DER DELFINE

| Luca Zacchei | 26. März 2020 |

Ich hoffe, dass es bis spätestens am 25. Mai vorbei sein wird – nicht mit der Erde, ich meine mit der Pandemie.

Nein, das wird keine zoologische Abhandlung über die Rückkehr der Süsswasser-Delfine im Zürichsee. Und nein, in Venedigs Kanälen sind nicht wirklich Delfine gesichtet worden. Aber dafür an den Stränden Sardiniens, wo sie bereits vorher zu bestaunen waren. Aber da kaum noch Schiffe fahren, wagen sich die Meeressäugetiere jetzt wieder näher an den Hafen von Cagliari heran.

Durch die Coronapandemie werden auf alle Fälle die Grenzen zwischen Mensch und Tier neu gezogen, die Natur scheint sich gleichzeitig zu erholen. In Norditalien war die Luftqualität seit Jahrzehnten nicht mehr so gut. Das Wasser in Venedig ist wieder kristallklar.

Obwohl der Ort seiner Entstehung nicht mit Sicherheit eruiert werden kann, wäre es ziemlich ironisch, wenn das SARS-Coronavirus 2 tatsächlich in einem Fischmarkt von Wuhan aufgekeimt wäre. Als hätten die Tiere das Ganze selbst initiiert und uns (willentlich) angesteckt. Jetzt müssen wir anhalten, eine ungewollte Pause hinlegen und uns neu orientieren. Unsere Sonderstellung auf dem Globus wird infrage gestellt. Unsere Wichtigkeit relativiert.

Gleichberechtigte und abhängige Subjekte

Im «Salon um Sechs» vom RefLab plädiert der Schriftsteller Andreas Weber für eine Weltteilnahme, bei der alle Wesen – nicht nur Menschen, sondern auch Tiere und Pflanzen – gleichberechtigte Subjekte sind. Die anthropozentrische Sichtweise hätte langsam, aber sicher ausgedient. Wenn wir zu den Pflanzen und Tieren gehen und «Du» sagen, treten wir in den Modus der Gegenseitigkeit, verhalten uns fair und erleben eine tiefe Gemeinsamkeit. Da müssten wir hinkommen.

Diese Gegenseitigkeit müsse aber organisiert werden. In dieser Gesellschaft würde das schiefgehen, denn die herrschenden Kräfte stünden der Gegenseitigkeit entgegen. Niemand will etwas abgeben. Der Turbo-Kapitalismus ist auf Extraktion, nicht auf Gegenseitigkeit ausgelegt. Alle haben Angst, dass die Wirtschaft nicht mehr funktioniert. Nun ist die Wirtschaft angehalten worden, weil es nicht anders ging.

Danke für den Fisch!

Zur aktuellen Situation (und zu den Delfinen) passt eine andere apokalyptische Geschichte. In der einzigen vierteiligen Trilogie in fünf Bänden «Per Anhalter durch die Galaxis» von Douglas Adams (*attention please: british humour!*) kehrt der Protagonist Arthur Dent auf die eigentlich explodierte Erde zurück, um herauszufinden, ob es noch dieselbe ist wie vorher. Sie ist es, aber die Delfine sind verschwunden. Dafür findet Arthur in seinem Haus ein rätselhaftes Glasgefäss, auf dem die Worte eingraviert sind: «Macht's gut und danke für den Fisch.» Die Delfine verlassen die Erde (zumindest im Film) fliegend, weil sie die Gefahr der Erdenvernichtung zeitig gespürt haben. Und es kommt noch dicker. Der Mensch ist nicht die Krone (ital.: *corona*) der Schöpfung: Die Mäuse liegen zuoberst, gefolgt von den Delfinen. Wir sind lediglich an dritter Stelle.

Der Handtuchtag

Ich hoffe, dass es bis spätestens am 25. Mai vorbei sein wird – nicht mit der Erde, ich meine mit der Pandemie. Denn an diesem Datum ist der offizielle *towel day* (Handtuchtag). Dann tragen nämlich die Fans des Schriftstellers Douglas Adams ein Handtuch mit sich herum. Dies als Erinnerung an seine Bücher, in denen ein Handtuch als «so ziemlich das Nützlichste» bezeichnet wird, was man auf Reisen durch die Galaxis mit sich führen kann. Wir tragen jetzt zwar keine Tücher, aber gut sichtbare Gesichtsmasken, die wir hoffentlich bald ablegen können. Wer weiss, vielleicht werden wir das Ende des Lockdowns dann auch jährlich feiern. Wer wissen möchte, wie das Ganze fiktiv ausgeht, muss entweder alle fünf Bücher lesen oder sich den Film anschauen. Zeit hätten wir hierfür genug.

Eine der wichtigsten Botschaften der Romanreihe möchte ich ganz am Schluss doch mit auf den Weg geben: Ja, es sieht schlimm aus. Aber bitte keine Panik!

[handschriftliche Notiz am Rand: Du Träumer! Welches Jahr?]

Sinnfluencer? Warum nicht. Jesus hat gesagt, dass Gott sich sogar aus Steinen Kinder Abrahams erwecken kann. Kurz gefolgt vom Hinweis auf Bäume, die gute, oder keine gute Frucht hervorbringen. Wenn ein Mensch beginnt, über Jesus und seine Botschaft nachzudenken wegen eines Sinnfluencers, nur zu. Bazare mit umhäkelten Kleiderbügeln sind out. | SONJA WIELAND |

Ohne böse sein zu wollen, ihr seid schon ziemlich in eurer Bubble verhaftet ... So fortschrittlich sind die Reformierten auch nicht überall, da gibt es sehr unter-schiedliche Lager, die einander mit Vehemenz den Glauben absprechen und panische Angst vor jeglicher Veränderung haben. Andererseits frage ich mich, wie viele Leute überhaupt noch eine Ahnung über die verschiedenen Konfessionen und Denominationen haben. Es geht ja das Gerücht um, dass bei dummen Aussagen aus Rom oder Chur die Reformierten aus ihren Kirchen austreten würden. | URS GRAF |

VOR DER ZEIT STERBEN

| Friederike Osthof | 29. März 2020 |

Sind die älteren Menschen, die in diesen Wochen am Coronavirus sterben, zu früh gestorben? Gibt es den richtigen Zeitpunkt zum Sterben überhaupt?

In der NZZ vom 24.3.20 hat Niall Ferguson einen Artikel über «Senizid» geschrieben.

> «Wenn eine erhebliche Zahl westlicher Staaten [...] mit der durch das Virus Sars-CoV-2 [...] ausgelösten Pandemie weiterhin falsch umgeht, dann wird eine sehr grosse Zahl alter Menschen vor der Zeit sterben.»

Sein Vorwurf richtet sich vor allem an die Regierungschefs der USA und Grossbritanniens. Sie hätten die Pandemie unverantwortlich verharmlost und durch ungenügende Massnahmen zu einer raschen Verbreitung des Virus beigetragen. Darum steige die Gefahr, dass in den überfüllten Spitälern die alten Menschen nicht mehr behandelt werden könnten. Was dazu führe, dass das Coronavirus altersdiskriminierend sei.

Angst vor dem Senizid

Senizid meint den willentlich herbeigeführten Tod alter Menschen. Mehr als sein Vorwurf an die oberen Etagen scheint in diesem harten Begriff die Angst auf. Die Angst vor dem Einbruch der Barbarei in unsere humane Zivilisation. Er berichtet von Beispielen früherer Gesellschaften, in denen die Alten getötet oder ausgestossen wurden, um Platz für die Jungen zu schaffen. Vermutlich, weil es nicht für alle genug zu essen gab.

Ich verstehe diese Angst. Es ist eine unglaubliche Errungenschaft unserer Zivilisation, dass es – unabhängig von Alter, Wert oder Status – um jede und jeden Einzelnen geht. Wer will die schon verlieren?

Ferguson könnte aber auch daran denken, dass wir diese Errungenschaft nur teilweise leben; nämlich bei uns. In den Flüchtlingslagern in Griechenland, in Syrien, im Libanon, in Afrika – überall dort geht es uns nicht um jede und jeden Einzelnen.

Und man könnte darüber hinaus befürchten, dass welche auf die Idee kommen könnten, die Probleme von Überalterung und Überbevölkerung dadurch zu lösen, indem die Alten gar nicht mehr zählen, sich selbst überlassen blieben.

Das Schreckbild der Stunde – die überfüllten Spitäler, in denen Ärztinnen und Ärzte entscheiden müssen, wer beatmet wird und wer nicht – wäre das Zeichen nicht nur für die Coronapandemie, sondern auch für die Frage, ob wir unsere humanen Errungenschaften aufrechterhalten wollen und welchen Preis wir dafür zu zahlen bereit sind.

42

Ich begreife den Schrecken, der Ferguson bei seinen eigenen Überlegungen in die Knochen fährt. Gleichzeitig bin ich an Fergusons Ausdruck «vor der Zeit sterben» hängen geblieben. Ich verstehe schon, was er meint: Ohne die Pandemie oder mit ihrer raschen Eindämmung hätten viele der Menschen, die jetzt sterben, weitergelebt.

Wann ist die richtige Zeit zum Sterben?

Aber wenn man vor der Zeit stirbt, muss es auch eine richtige Zeit zum Sterben geben. Wann ist die richtige Zeit zum Sterben? Und wer befindet darüber, wann die richtige Zeit zum Sterben gekommen ist?

Wir sind es jedenfalls nicht. Auch wenn wir heute, wenn es um Leben und Tod geht, über weitreichende Möglichkeiten verfügen. Wir können durch unseren Lebenswandel dazu beitragen, gesund zu bleiben. Wir können Krankheiten heilen und Leiden mildern. Aber nicht jeder, der früh stirbt, ist selbst schuld. Und es sterben Menschen trotz bester Medizin; nicht nur, wenn sie alt sind. Wenn es um Leben und Tod geht, haben wir nicht alles im Griff.

Und wann der richtige Zeitpunkt zum Sterben ist, wissen wir auch nicht. Sind die Priester, die in Bergamo gestorben sind, weil sie bei den Infizierten geblieben waren, zu früh gestorben? Ist meine Freundin, die im hohen Alter mit Exit aus dem Leben ging, zum richtigen Zeitpunkt gestorben? Ich kann das nicht entscheiden.

«Unsere Tage zu zählen, lehre uns, damit wir ein weises Herz gewinnen» (Psalm 90,12).

Vielleicht tut es in bedrängten und verängstigten Zeiten

gut, uns vor Augen zu halten, dass wir sterben müssen. Es ist eine schlichte Tatsache. Und eine, an der wir uns sammeln können, weil sie wahr ist.

Dabei zu bleiben, dass wir – bei allem, was wir tun und vermögen – nicht über Leben und Tod verfügen können, und auch nicht definitiv wissen, wann für uns die richtige Zeit zum Sterben gekommen ist. Das wäre klug, weil es uns davor schützt, alles wissen und können zu müssen. Dann kann das sein, was ist, ohne alles sein zu müssen.

Einen Blog mit Kirchensteuern zu betreiben, der ganz auf die hergebrachten vertrauensstiftenden «Label» der Kirche verzichtet (Bibel, Kanzel, Talar, akademische Ausbildung) und sich im Universum der Geschichten-erzähler «auf Augenhöhe» im WWW bewähren will, ist ein sehr kühnes, waghalsiges Unterfangen. Wird ein «digital Native» über das Verfolgen von «RefLab» im Netz zu einem freudigen Kirchensteuerzahler in einer Multioptionsgesellschaft? Stiftet Anmutung, Design, Wording und Sound dieses Blogs einen Unterschied zu den sehr attraktiven Angeboten der gleichaltrigen Youtuber?

Hier schreiben, «bloggen» oder «predigen» zum Teil ordinierte Theologen ihren akademischen und kirchli-chen Hintergrund vernebelnd als wären sie coole content producer und «digitale natives». Für heutige Jugendliche ist dies nur ein Angebot neben anderen im Internet und in Social Media. Wir wünschen Hals- und Beinbruch. Und gehen heute Sonntag eine Predigt hören. Es sind ja so wenige, die das noch tun, dass man dies unter den verbotenen Versammlungsgrössen auch in Coronazeiten machen kann. | **GIORGIO GIRARDET** |

WIR HABEN (K)EINE ANGST

| Manuel Schmid | 31. März 2020 |

Angst kann lähmen, das Leben blockieren. Sie kann aber auch Leben retten. Und ganz sicher ist sie nicht einfach das Gegenteil von Glauben.

Das Horrorgenre ist nicht jederfraus/jedermanns Sache. Nicht alle mögen das gepflegte Gruseln mittels Filmformaten, die uns Monster, Zombies, Mörderpuppen und Killerclowns vorführen. Einige kriegen davon Albträume, und anderen reicht sowieso der Horror des alltäglichen Wahnsinns – die brauchen sich in diese Richtung nicht mehr zusätzlich zu bespassen.

Die Netflix-Serie «Stranger Things» wäre jedenfalls ein Versuch wert, es mal (wieder) mit dieser Sparte von Filmen zu versuchen. Zum einen ist es nicht eine typische Horror-Produktion: Es fliesst kaum Blut, und die drei Staffeln der Erfolgsserie kommen weitgehend ohne unappetitliche Hässlichkeiten aus.

Zum anderen liefert «Stranger Things» aber eine hervorragende Gelegenheit, sich seinen Ängsten zu stellen und über den eigenen Umgang mit dem Furchteinflössenden nachzudenken.

Angst

Die Duffer-*Brothers*, inzwischen die gefeierten Schöpfer dieses in den 80er-Jahren spielenden Formats, haben die Serie ausdrücklich als eine Auseinandersetzung mit menschlichen Ängsten konzipiert. Sie waren inspiriert vom Film «Prisoners» (2013) mit Hugh Jackman – der Geschichte eines Vaters, dessen Tochter entführt wird.

Dieser Verlust, die verzweifelte Suche nach dem verlorengegangenen Kind, die seelischen Abgründe, in die der Vater gestürzt wird, war das Motiv, aus dem sich «Stranger Things» entwickelte.

Natürlich wird dieser emotionale Impuls dann ins Horrorgenre transferiert, in die charmanten 1980er-Jahre verlagert und auf äusserst engagierte Weise erzählt. Im Kern dreht sich die Serie aber nach wie vor um die Frage, was die Angst mit einem Menschen macht – und wie sich angemessen damit umgehen lässt.

Glaube

Nun bildet sich das Christentum immer wieder ein, sich in Sachen Angst kompetent einbringen zu können. Zyniker würden einwerfen: Ja klar, die haben ja historisch auch genügend Ängste geschürt. Aber das ist natürlich nicht gemeint, wenn wohlmeinende Christ:innen von der befreienden Kraft des Glaubens sprechen: Sie meinen dann oft, dass der Glaube Menschen eben von ihren Ängsten befreit.

Ganz falsch ist das sicher nicht. Aber eben auch nicht wirklich richtig. Ja, gewiss hat der Johannesbriefschreiber den Anhängern der Jesusbewegung zugesprochen, dass die vollkommene Liebe alle Angst austreibt. Aber wo gibt's auf dieser Erde denn vollkommene Liebe?

Es gibt jedenfalls eine lange Tradition der Verteufelung der Angst in Christentum und Kirche. Angst wird dann als Antithese des Glaubens verkauft, als Inbegriff dessen, was um jeden Preis vermieden werden sollte ...

Phobien

Zugestanden: Es gibt krankhafte, irrationale, ungerechtfertigte Formen der Angst, die niemand braucht. Wer einmal die Bandbreite an Phobien googelt, wird sich die Augen reiben über all das, wovor Menschen eine panische Furcht entwickeln können. Grosse Plätze, kleine Räume, zu viele Menschen, Züge, Flugzeuge, Clowns (hier ist das Horrorgenre wieder ...), Katzen, Hunde, Spinnen, Bienen, Vögel usw.

Solche Ängste können Menschen arg zusetzen und ihren Alltag einschränken, ohne dass dahinter eine reale Gefahr steckt. Sich diesen Ängsten zu stellen und sie mit therapeutischer Hilfe (und gerne auch im Festhalten am Glauben) zu überwinden, lohnt sich auf jeden Fall.

Eine Bekannte mit einer ausgeprägten Arachnophobie hat vor Kurzem im Basler Zoo einen Desensibilisierungskurs gemacht – und zum Schluss voller Stolz eine Vogelspinne ihren Arm hochkrabbeln lassen. Da ist sie weiter gekommen als ich selbst ...

Gefahren

Angst ist aber keineswegs in jedem Fall krankhaft und irrational, und sie ist auch ganz sicher nicht einfach das Gegenteil des Glaubens. Es gibt echte Gefahren. Und vor denen fürchtet man sich zu Recht. Die Begabung zur Angst ist eine äusserst lebensdienliche Einrichtung – ohne sie wären wir alle wohl längst schon tot.

«In der Welt habt ihr Angst», sagt Jesus von Nazaret sehr prominent und nüchtern. Und wenn er anfügt, er aber habe die Welt überwunden, dann meint er damit kaum, es gebe nun keinen Grund mehr, sich zu fürchten. Er selbst wurde im Garten Getsemani wenig später von Panik übermannt. Vielmehr spricht die Dialektik der beiden Aussagen dafür, den Glauben nicht als Überwindung der Angst, sondern als Befähigung zur Angst zu verstehen. Oder etwas präziser formuliert: Der Glaube befreit uns nicht von der Angst, sondern befähigt uns, mit Ängsten zu leben – mit rationalen und irrationalen.

Sicherheit

Und das gilt nicht, weil der Glaube den Glaubenden irgendwelche Sicherheitsversprechen machen würde. Mit katholischen Ordensschwestern gefüllte Flugzeuge sind statistisch ziemlich sicher nicht weniger absturzgefährdet als solche, die Teilnehmer zum atheistischen Jahrestreffen transportieren. Nach allem, was wir wissen, sind auch die Heilungschancen eines krebskranken Pfarrers nicht wirklich besser als die einer überzeugten Gottesleugnerin.

Nein, was den Glauben angstfähig macht, ist die Gewissheit, dass auch das Eintreffen der schlimmsten Befürchtungen nicht im Stande ist, einem die letzte Hoffnung zu rauben. Dass auch das schlimmste Horrorszenario nicht das letzte Wort haben wird – weil sich der Glaube an jenem festmacht, der den Tod überwunden hat.

Um Thorsten Dietz, mit dem ich ein spannendes Podcast-Gespräch zur Serie «Stranger Things» geführt habe, nun hier das letzte Wort zu geben:

«Nicht Angstfreiheit, sondern Angstfähigkeit ist die Haltung des Glaubens. Denn vertrauen, glauben heisst nicht: ‹Ich habe keine Angst mehr›, sondern vielmehr: ‹Ich vertraue auf etwas, was letztlich stärker ist als das, was mich bedroht.›»

DIE NEUE NORMALITÄT

| Andreas Loos | 3. April 2020 |

Viren sind doof, tödliche sogar abscheulich. Es fällt mir so schwer, sie als Teil des Lebens zu akzeptieren.

Ja, ich gebe es zu: Die Idee, sich mit diesem bescheuerten, völlig überflüssigen und todbringenden Virus anzufreunden, wäre ... sorry ... kompletter Dünnpfiff. Und das hier sollte sich auch der letzte Corona-Erklärbär geben: Jeder Einordnungsversuch in ein übergeordnetes Sinnganzes wird sich gefährlich infizieren, wenn er nicht den gebotenen Mindestabstand einhält.

Ich selbst fühle mich in diesen Tagen überhaupt nicht in der Lage, irgendeine soziologische, ökologische, theologische – was auch immer – Erklärung aufzunehmen. Ich fühle mich aber eingeladen, dieses Leben so zu nehmen, wie es sich gerade bietet. In einem Geist der Freundschaft. Die lebt bekanntlich davon, dass Nähe und Distanz immer wieder neu austariert werden.

Die unbeherrschbare Seite des Lebens mutet mir schon seit längerer Zeit echte Schockstarre zu. Von 9/11 und anderen Undenkbarkeiten will ich gar nicht anfangen. Ich denke zuerst an jene unzähmbare Krebserkrankung, die meine Frau mittlerweile schon dreimal heimgesucht hat. Oder an die Dialektik der Moderne: Es sind ironischerweise die «Folgen der Erfolge von Modernisierung», die aus uns eine «Weltrisikogesellschaft» machen (Ulrich Beck). Und letztens machte Hartmut Rosa darauf aufmerksam, dass unsere aggressiven Versuche, das Leben verfügbar zu machen, die Welt zurückweichen lassen könnten. Die Unverfügbarkeit des Lebens kehrt dann als Monster wieder zurück.

Schmerzhaftes Aushalten

Viren sind doof, tödliche sogar abscheulich. Es fällt mir so schwer, sie als Teil des Lebens zu akzeptieren. Scheinbar hat Gott sich entschieden, eine Welt zu erschaffen, in der so etwas möglich ist. Scheinbar gibt es keinen Weltsicherheitsmechanismus, der immer dann einrastet, wenn es brenzlig wird. Was wird diese Pandemie irgendwann von uns übriglassen und mit uns gemacht haben?

Die Expert:innen aller Fachrichtungen üben sich in einem wohltuenden, beredten Schweigen. Was auch sonst, wenn für Tausende das Leben verstummt? Ein trauriges, angstvolles Seufzen erfüllt die Tiefe, von dem ich mich anstecken lasse, auch wenn ich nicht zur Risikogruppe gehöre. Ist das etwa der seufzende Heilige Geist in uns (Röm 8,19–26)? Erste Signale, dass ein Leben mit dem Unberechenbaren möglich sein könnte. Weil Gottes Geist uns gemeinsam aushalten lässt, uns angstfähig macht.

Dasselbe unberechenbare Spiel der Lebenskräfte bringt die verblüffendsten und schönsten Kreaturen hervor. Derselbe Gletscher, der Menschen unter sich begraben kann, schleift die Alpen zu atemberaubender Schönheit. Ich juble über das, was die unberechenbaren Menschen derzeit so liebevoll, gütig und kreativ hervorbringen. Und es ist für mich auch kein Zufall: Ausgerechnet dort, wo das Lied vom Tod am lautesten spielt, musiziert man einander Hoffnung und Freude zu.

Scheinbar hat sich Gott entschieden, dem verunglückten Spiel im Chaos immer wieder Sinn und Glück abzugewinnen. Das könnte das Wirken des Heiligen Geistes des Lebens sein, der Christus von den Toten auferweckt hat. Wird die Christenheit an Ostern das tun, was sie seit Jahrtausenden tut: den Tod auslachen?

Anders normal

Leider entartet dieses Osterlachen immer wieder in ein geistloses Grinsen. Nämlich dann, wenn ich erhaben über den Dingen stehen will: «Gott hat Corona initiiert und orchestriert, um uns etwas Gutes beizubringen.» Aufschlussreich, wie das gegenwärtig nicht nur aus konservativen Kreisen der Christenheit kommt, sondern aus den Mündern vieler Kultur- und Fortschrittspessimisten. Klingt dann gar nicht nach Lachen, sondern eher nach einem triumphierenden, wenn nicht gar hämischen Recht auf den prophezeiten Untergang.

Damit mir dieser Kloss nicht im Halse stecken bleibt, sage ich weder «Danke Corona», noch huldige ich der zurückschlagenden Mutter Erde, noch preise ich eine Gottheit, bei der das Leben von Ewigkeit her minutiös berechnet und kontrolliert ist. Ich glaube an einen Gott, der so sehr Freund des Lebens ist, dass er sich mit der Unberechenbarkeit des Lebens angefreundet hat. Bis hin zum absolut Undenkbaren: Er erfährt die tödliche Unbeherrschbarkeit am eigenen Leib.

Ich glaube aber auch an den Heiligen Geist, der weht, wo er will. Eine höchst unberechenbare und unzähmbare Freundin der Geschöpfe, die Leben schafft und heilt, wenn es niemand mehr für möglich hält. Slavoj Žižek schrieb am 13. März 2020 in der NZZ:

> «Das Leben wird, selbst wenn es am Ende wieder zur Normalität zurückkehrt, auf andere Weise normal sein, als wir es vor dem Ausbruch gewohnt waren.»

Wird das Unberechenbare die neue Normalität? Werde ich – ein wenig ähnlich wie Gott – zum Freund des ungeschminkten Lebens?

Neugier in allem, nach dem Transzendenten, dem
Ewigen, dem unbeschreiblichen Geheimnis, dem
Göttlichen im Hier und Jetzt, in der Vergangenheit und
Zukunft – das verspüre ich mit jedem Tag mehr,
den ich älter werde. Mit und ohne Religion. Mein Glaube
hat sich enorm gewandelt. Dogmatische Reduktionen
(Hauptgeschäft aller grossen Religionen) erschweren
vermehrt meine spirituelle Reise. Auferstehungskräfte
machen sich breit, wenn ich verweile, neugierig bin,
im Alltag ein tieferes Schauen lerne. Da werde ich
unerwartet erfasst, staune, inhaliere Momente des
Einssein mit dem Unverfügbaren. Ich nenne es manchmal Gott. Lorenz Marti beschreibt es mit «Ewigkeit
im Augenblick». | GEORGES MORAND |

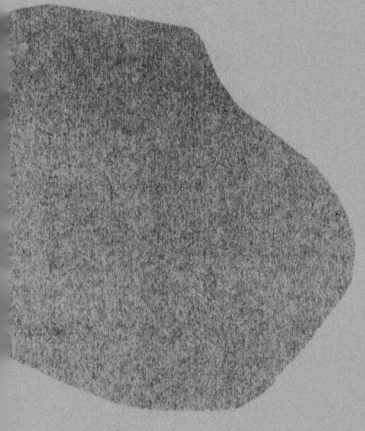

RUHE FÜR EURE SEELEN

| Evelyne Baumberger | 5. April 2020 |

Beim Beten fällt mir nicht einfach eine Last ab, und ich schöpfe nicht sofort und auf wundersame Weise Energie. Doch irgendwie tut es trotzdem gut.

Jeden Abend eine schwere Müdigkeit. Ich bin dünnhäutiger, den Tränen näher als sonst. So «normal» die aktuelle Situation bereits geworden ist mit dem vielen zu Hause sein und der eingeschränkten Bewegungsfreiheit, so sehr zehrt sie doch an mir. Der Schlaf kommt in diesen Tagen früher und schwärzer als sonst, und vor dem Aufwachen flechten sich wirre Träume in mein Unterbewusstsein.

Ich bin eine der am wenigsten Betroffenen: Weder gehöre ich zu einer Risikogruppe, noch fällt mir Einkommen weg, und ich habe auch keine Kinder, die ich nun zu Hause betreuen müsste. Und doch arbeitet es hinter den Kulissen meines Bewusstseins mehr als gewöhnlich. Vielleicht bin ich einfach nicht so belastbar. All die Dinge, die ich höre und lese, wollen eingeordnet, all die von anderen erzählten Sorgen verarbeitet werden.

Beten ist kein Sofortheilmittel

«In solchen Zeiten würde ich gerne an Gott glauben können», gestand mir eine Freundin vor ein paar Wochen. Wir
sassen auf der Dachterrasse, die Füsse auf dem Geländer,
und schauten rüber in die Glarner Alpen. «Warum?», fragte
ich sie. «Dann könnte ich im Gebet alles ablegen, was mich
belastet.» Vögel zwitscherten, und unten auf der Strasse
rauschte der Feierabendverkehr. Ich seufzte.

«Ich wünschte, es wäre so einfach.»

Dieses «Sorgen ablegen im Gebet» funktioniert in der
Theorie weit besser als in der Praxis. Jedenfalls ist das bei
mir so. Das Gedankenkarussell lässt sich nicht einfach anhalten. Probleme, Liebeskummer und offene Rechnungen
lösen sich nicht einfach in Luft auf.

Und irgendwie tut es trotzdem gut

Trotzdem kommt bei mir in schwierigen Situationen immer wieder der Impuls zum Gebet. «Kommt zu mir, all
ihr Geplagten und Beladenen: Ich will euch erfrischen.
Nehmt mein Joch auf euch und lernt von mir, denn ich bin
sanft und demütig; und ihr werdet Ruhe finden für eure
Seele» (Matthäus 11,28–29). Welches Geheimnis genau es
zu lernen gibt, sagt er an dieser Stelle nicht, und ich ärgere
mich über die Bibelschreiber, die die Aussagen von Jesus
nur so kompakt wiedergeben.

Trotzdem berühren mich die Sätze. Der Wunsch nach
«Ruhe für die Seele» ist gross, das Versprechen von Jesus
verlockend.

Beim Beten fällt mir nicht einfach eine Last ab, und ich schöpfe nicht sofort und auf wundersame Weise Energie Doch irgendwie tut es trotzdem gut.

Es hilft mir zu glauben, dass ich von Gott getragen bin. Dass es ok ist, wenn ich mal vor Müdigkeit weine, schneller die Geduld verliere und keine Kraft mehr für andere habe. Dass es einen nächsten Tag geben wird – und irgendwann auch ein «danach». Und dass Gott mir an allen Tagen, bis zum Schluss, Ansprechperson sein wird.

DAS GLÜCK DER PANDEMIE

| Luca Zacchei | 9. April 2020 |

Endlich war er ganz bei sich selbst und gleichzeitig vollwertiges Mitglied der Gesellschaft.

Kein Dichtestress, weniger Lärm, saubere Luft und mehr Ordnung auf den Strassen. Was konnte er sich mehr wünschen? Es war seine Zeit. Menschen hatte er nie wirklich gemocht. Er machte eine Ausnahme bei Mutter (möge sie für immer in Frieden ruhen) und bei sich selbst, weil es nicht anders ging. Denn er musste zweimal am Tag sein Gesicht aushalten, wenn er morgens und abends die Zähne putzte, anschliessend hatte er aber seine wohlverdiente Ruhe.

Die Coronazeit war für ihn ein Glück

Endlich war er ganz bei sich selbst und gleichzeitig vollwertiges Mitglied der Gesellschaft. Er verstand das Jammern der Leute nicht, die gespielte Panik und die traurigen Gesichter auf den Strassen.

Er denunzierte die Ansammlung von Jugendlichen auf dem Marktplatz, die diese dämliche Musik aus ihren leistungsstarken Boxen dröhnen liess. Er denunzierte die arbeitslosen Schachspieler, die bis spätabends sangen (glücklicherweise nicht mit dem notwendigen Zwei-Meter-Abstand), er denunzierte aber auch die Nachbaren, die nach 22.00 Uhr immer noch viel zu laut Monopoly spielten. Die Polizei war sein verlängerter Arm oder auch im Spieljargon: «Eine Runde aussetzen oder du landest im Gefängnis.»

Aussetzen oder Gefängnis

Er konnte nun problemlos die Strassenseite wechseln, ohne eine glaubwürdige Erklärung liefern zu müssen, musste die Hände nicht schütteln und war mit einem Blick in der Lage, jede Umarmung der Nachbarskinder aus der Distanz abzuwehren. «Das Asthma ...», murmelte er jeweils hüstelnd, denn Pantoffeln-Superhelden dürfen auch verletzlich sein. Er durfte endlich drei Viertel der Tageszeit im Pyjama verbringen, musste dem Essenskurier kein Trinkgeld geben, um das Risiko einer Ansteckung zu minimieren ...

Und kein sozialer Druck für ein gepflegtes Äusseres mehr! Haare und Bart durften ungepflegt bleiben, da sein Coiffeur glücklicherweise nicht systemrelevant war. Hätte es keine berufsbedingte Videokonferenzen gegeben, dann hätte er wahrscheinlich nicht mehr geduscht und sich die Haare gar nie gekämmt.

Der Lockdown konnte aus seiner Sicht ewig dauern. Aber ihm war bewusst, dass dies nicht möglich war. Die Leute liebten die Normalität, bewegten sich gerne im Rudel. Er entschied sich aus diesem Grund, noch schlechter zu leben, den Tag weniger auszukosten, indem er noch häufiger denunzierte, mehrmals täglich die Strassenseite wechselte, nur Junkfood ass und die Maske auch nachtsüber trug.

Es war wahrlich seine Zeit

Dann läutete die Studentin aus dem zweiten Stock an seiner Tür.

Sie hielt sich definitiv nicht an die Abstandsregel, worauf er sie prompt hinwies. Sie hatte einen duftenden Apfelkuchen dabei.

Lächelte sie ihm zu? Wie unanständig! Er wollte nochmals protestieren, als sie ihm eine Gabel voll mit Kuchen gab. Ob sie desinfiziert war? Der Kuchen war lauwarm und schmeckte gut.

«En Guete», sagte sie nur und übergab ihm Kuchen, Gabel und Teller, verabschiedete sich, erreichte federnden Schrittes den Treppenabsatz, drehte sich nochmals um und fügte hinzu: «Heute Abend gibt es Braten. Und Rotwein. Danach bin ich mir nicht sicher, ob ich mich an die Abstandsregel halten werde.»

Verdutzt stand er auf der Türschwelle. Etwas regte sich in ihm, eine neue Empfindung, die er nicht einordnen konnte. Plötzlich verspürte er den Drang, sich sofort zu rasieren. Die bestmögliche Zeit wartete auf ihn und roch für lange Zeit nach Apfelkuchen.

Dieses so sachlich Verwurzelte,
das Entfernen des süsslich Frömmeligen,
das ist so wohltuend ... | ANDREAS SCHWEIZER |

Gib dein «C» auf keinen Fall zurück! Never ever!
| BARBARA OBERHOLZER |

JESUS IST EIN CORONAOPFER

| Manuel Schmid | 10. April 2020 |

Wo ist eigentlich Gott in herzzerreissenden und himmelschreienden Zuständen? Eine Lösung des Theodizeeproblems gibt es nicht. Aber eine Antwort auf die Leidfrage sehr wohl.

Im Elsass, mitten im Epizentrum der Coronaepidemie in Frankreich, blickt uns der Jesus des Isenheimer Altars an. Die berühmte Darstellung des Gekreuzigten von Matthias Grünewald verzichtet auf Verniedlichungen und Verklärungen. Dafür erbringt der Künstler eine eindrückliche Kontextualisierungsleistung.

Der abgemagerte, geschundene Körper Jesu zeigt nämlich zahlreiche Symptome einer damals verbreiteten Erkrankung. Krampfartig angespannte Finger, blaue Lippen und eingezogener Brustkorb, gelbliche Haut mit rot umrandeten Wunden: So wurden die Kennzeichen der Mutterkornvergiftung beschrieben, die im 16. Jahrhundert viele Opfer forderte. Besonders gefürchtet waren die brennenden Schmerzen, die dieser Pilz beim Menschen auslöste (auch «Antoniusfeuer» genannt), und natürlich der meist unausweichliche Erstickungstod.

Der heute weltbekannte Elsässer Wandelaltar stand damals im Isenheimer Antoniterkloster, das auch ein Spital war und viele an Mutterkornvergiftung Leidenden aufnahm. Jeden Tag schauten die Patientinnen und Patienten so auf den sterbenden Christus; jeden Tag wurde ihnen vor Augen geführt, dass sie auch und gerade in ihrem Leiden von diesem Gott nicht alleine gelassen werden.

Der Gottessohn ist ihnen in ihren Schmerzen nahe. Er erliegt dem sengenden Antoniusfeuer in seinen Gliedern. Er stirbt als Mutterkornvergifteter.

Jesus als Teilhaber menschlicher Leiden

Und heute? Die Zeit der bemalten und ausklappbaren Altarbilder ist lange vorbei. Die Zeit der Leidenden aber gewiss nicht.

In der Universitätsklinik Strassburg, nicht weit vom früheren Isenheimer Klosterspital entfernt, herrschen gegenwärtig prekäre Zustände. An Covid-19 Erkrankte in kritischem Zustand werden nicht mehr beatmet, sondern mithilfe von Opiaten und Schlafmitteln im Sterben begleitet. Bereits 1 300 Todesopfer hat das Coronavirus in der Region Strassburg gefordert (Stand 26.03.2020). Damit der Betrieb nicht zusammenbricht, arbeiten auch längst infizierte Ärztinnen und Ärzte weiter.

Und das sind erst die Schicksale der primär Betroffenen. Wie vielen Menschen die aktuelle Krise ihre Arbeit und Existenzgrundlage kosten wird, wie viele Alleinstehende an Einsamkeit verzweifeln, oder auch: wie viele Geflüchtete, Hungernde, Unterdrückte in der allgemeinen Notlage nun erst recht vergessen werden. All das lässt sich kaum ermessen.

Wo ist Gott in diesen himmelschreienden Zuständen? Nicht nur im Geiste Matthias Grünewalds, sondern überhaupt im Geiste des Evangeliums müsste man sagen: Gott ist mittendrin. Sie identifiziert sich mit den Leidenden, kommt ihnen gerade jetzt nah.

Der Gott des Christentums erweist sich in Jesus Christus als Coronaopfer.

Und was kann ich mir davon kaufen?
Es gibt natürlich Leute, die halten davon nicht viel. Vor einigen Jahrzehnten hat der Theologe Jürgen Moltmann, selbst geprägt von einschneidenden Leiderfahrungen, das Bild des in Christus mitleidenden Gottes neu ins Zentrum gestellt – und er hat prompt Kritik erfahren.

«Was nützt es mir in meiner Verzweiflung, wenn ich weiss, dass es Gott genauso dreckig geht?», hat ihm der katholische Theologe Karl Rahner entgegengehalten. Die implizierte Antwort war selbstverständlich: Es nützt mir nichts.

Mindestens im zwischenmenschlichen Bereich leuchtet das aber schon mal gar nicht ein. Wer im Spital etwa schon erlebt hat, wie viel Trost ein Mitleidender durch seine Gegenwart und seinen Zuspruch zu spenden vermag, oder wer in einer Ehekrise einen Freund zur Seite hatte, der selbst das Zerbrechen einer Beziehung durchgemacht hat, oder wer in seiner Trauer Menschen um sich wusste, die den Schmerz des Verlusts auch kennen, der (oder die) wird solchen Beistand nicht so schnell als nutzlos abtun.

Nicht umsonst schöpfen sogenannte «Selbsthilfegruppen» seit Jahrzehnten aus der Kraft geteilter Leidenserfahrung.

Und seit bald zwei Jahrtausenden finden Menschen Trost im Anblick eines Gottes, der sich im Leiden nicht von ihnen abwendet, sondern ihnen im Gegenteil unmittelbar nahekommt – auch in Gestalt derer, die von der Menschenliebe dieses Gottes ergriffen sind.

In dieser Ergriffenheit geht der Glaube an Gott aber nicht auf. Im Glauben erwarten wir, dass das Kreuz nicht das Ende der Geschichte bleibt. Sein Leid vor Gott bringen, heisst immer auch: Die Türe für Ostern offen halten.

Gott vs. Virus?

Jesus Christus ist auferstanden! Hier liegt die Kraft und das Geheimnis dessen, was als «Evangelium» um die Welt ging: Das Leiden, die Angst und Verlassenheit, die Trauer und der Schmerz haben nicht das letzte Wort.

In einer Zeit, in der auf Netflix und in den Medien die Weltuntergangsszenarien Hochkonjunktur haben, in der manche frommen Spinner die Apokalypse herbeisehnen und andere (oder dieselben?) sich vorsorglich einen eigenen Bunker bauen, tun wir gut daran, die «Apokalypse» des Neuen Testaments zu Wort kommen zu lassen: Hier gibt der Auferstandene den Blick frei auf einen Gott, der den Trauernden die Tränen abwischt, der die Angstschreie verstummen lässt und die Verlassenen und Vergessenen in seine Gemeinschaft aufnimmt.

Ja, gewiss ist es gerade für Theolog:innen ratsam, angesichts einer Krise wie der jetzigen nicht eilfertig das Maul aufzusperren und die Lösung des Theodizeeproblems zu verkünden. Und sicher schickt es sich auch nicht, Gott in ein wasserdichtes System zu packen, sich von ihr ein Bild zu zimmern.

Aber dort, wo Gott selbst gegen sein Bilderverbot verstösst, indem er sich in Jesus Christus sichtbar, verletzlich, menschennah und leidensfähig zeigt, da ist es den Christ:innen nicht nur erlaubt, sondern gerade um der Leidenden willen vielmehr geboten, nicht zu schweigen.

Und dieses Nichtschweigen bedeutet natürlich nicht nur reden von jenem Gott, der in Christus den Tod überwunden hat, sondern auch handeln an den Leidenden in genau dieser Hoffnung. So kommt der Auferstandene Menschen in dieser Welt bereits nahe und wird ihnen zum Besucher, Helfer und Freund.

Denn Jesus Christus hat Corona. Und er ist auferstanden.

ICH WILL GAR NICHT ZURÜCK!

| Manuel Schmid | 29. April 2020 |

Die ganze Welt befindet sich im pandemiebedingten Ausnahmezustand. Und immer dringender und lauter wird die Frage: «Wie lange noch?»

Das Bedürfnis auch in der westeuropäischen Bevölkerung wächst, die prekären Umstände hinter sich zu lassen und wieder zur Normalität zurückzukehren. Aber was ist schon normal?

In einem Interview bei Markus Lanz gibt der deutsche Philosoph und Bestsellerautor Richard David Precht zu bedenken, dass die aktuelle Lage bei aller Tragik auch enorme Chancen zur Veränderung biete:

> «Das Fenster, in Alternativen zu denken und sie vielleicht sogar zu leben, steht im Moment sperrangelweit offen – denn nie kann man Dinge besser ändern als in der Krise.»

Wir sind durch das Coronavirus aus dem gewohnten Lauf der Dinge, den wir so unreflektiert als «normal» bezeichnet haben, jäh herausgerissen worden. In vielen Bereichen des öffentlichen und privaten Lebens – nicht nur auf den Autobahnen – ist eine neue Ruhe und Nachdenklichkeit eingekehrt.

Der Vergleich mit einer kollektiven Entzugskur legt sich nahe: Zumal hinsichtlich der westlichen Spass- und Konsumgesellschaft fühlt sich der Coronalockdown an wie die Situation eines Suchtkranken, dem einige Wochen «Rehab» zugemutet werden.

In solchen Zeiten wird der Blick auf das geschärft, was man bisher zu Unrecht als «normal» verstanden und als «alternativlos» hingenommen hat. Der Abstand von den üblichen Betriebsamkeiten und Ablenkungsmechanismen des Lebens macht die Sicht für zivilisatorische Schieflagen so klar wie gegenwärtig das Wasser der venezianischen Kanäle.

Natürlich kann man danach auch wieder die eingetretenen Pfade beschreiten, die alten Selbstverständlichkeiten aufnehmen und den Wiedereintritt in die «Normalität» abfeiern.

Man kann – aber man muss nicht unbedingt.

Ich jedenfalls habe mir einige Zustände und Gewohnheiten notiert, zu denen ich lieber nicht zurückkehren möchte. Darunter sind persönliche Beobachtungen, die ich selber zu beherzigen habe, aber auch gesellschaftliche Zustände, deren Veränderung gemeinsame Bemühungen erforderte …

Mehr Ruhe

Es war an einem freien Samstag Ende März, mitten im schweizerischen Coronalockdown. Verschiedene häusliche Arbeiten waren erledigt, die Kinder zogen in der Nachbarschaft um die Häuser. Also habe ich mich mit einem Buch in unserem Garten auf die Liege gelegt und angefangen zu lesen. Im Hintergrund höre ich die Vögel zwitschern, die Sonne wärmt mich wohltuend auf – und plötzlich durchzuckt mich der Gedanke: «So zufrieden war ich schon seit vielen Monaten, vielleicht sogar Jahren nicht mehr!»

Nun ist es nicht so, dass ich mir sonst überhaupt nie eine ruhige Stunde gönne. Es ist aber einfach nicht meine Stärke, solche Momente auch wirklich ungeteilt zu geniessen. Immer wieder schweifen meine Gedanken zu alternativen Möglichkeiten der Betätigung oder Unterhaltung ab, zu Freunden, die man treffen oder zu Aufgaben, die man anpacken könnte. Ich scheine hier ein typischer Vertreter der *Generation Maybe* zu sein, der sich den Genuss des Augenblicks oft durch den Gedanken an die verpassten Optionen verderben lässt.

Die Auflagen des Bundes in der Coronakrise haben nun zwar nicht alle, aber doch viele solcher Alternativbeschäftigungen schwierig gemacht – und mir eine Situation aufgezwungen, in der es am Samstagnachmittag vernünftigerweise kaum etwas anderes zu tun gab, als das herrliche Wetter im heimischen Garten zu geniessen.

Meine Erkenntnis und mein Vorsatz für die Zeit nach dem Lockdown? Ich überlege mir, wie sehr ich mir meinen Kalender wieder ausfüllen lasse, welche Zusatzverpflichtungen ich eingehe. *Nicht Wort gehalten!*

Auch wenn die Zahl der alternativen Optionen mit zunehmenden Freiheiten wieder ansteigt, soll mir das nicht die Fähigkeit rauben, den Moment zu feiern.

Und so sehr ich mich auf die Besuche von Freundinnen und Freunden und die Grillpartys in der Nachbarschaft freue: Ich lasse mir die ungeteilte Freude an einem Buch im Garten am Samstagnachmittag nicht mehr nehmen!

Mehr digital

Als vierköpfige Familie gehören wir zu jenen Menschen, für welche die Order *stay at home* kaum Gefahren der Vereinsamung oder der Langeweile mit sich brachte. Unsere Kinder haben von ihren Lehrpersonen ganze Listen von Aufgaben zugeschickt bekommen, die es unter Anleitung der Eltern zu erledigen gilt.

Nun haben viele geplagte Mütter und Väter in dieser Zeit den Lehrer:innen auf Social Media Anerkennung gezollt: «Jetzt sehen wir alle mal, was die sonst alles leisten!» Ich selbst bin mit den Lehrerinnen unserer Kinder wirklich überglücklich und zweifle an ihrem engagierten Einsatz keine Sekunde.

Die Zeit des Homeschoolings hat mich aber im Verdacht bestärkt, dass der entscheidende Beitrag der Schule nicht in der Wissensvermittlung liegt, sondern in ganz anderen Qualitäten.

Dazu gehört die Struktur des Tagesablaufs, das Miteinander in der Klasse, die Ausbildung zwischenmenschlicher Fähigkeiten, dann auch die Bewegung und die sozialen Interaktionen auf dem Schulweg und in den Pausen.

Was den Lernstoff selbst betrifft: Im Grossen und Ganzen haben sich unsere Kinder derart selbstständig an die Aufgaben gemacht, YouTube-Tutorials geschaut, Onlineaufgaben gelöst und mit Apps ihre Fähigkeiten vertieft, dass ich mich gefragt habe: War wirklich eine Pandemie nötig, um unser

Schulwesen aus der Steinzeithöhle ins digitale Zeitalter zu locken? Das soll keine Kritik an einzelnen Lehrpersonen sein, wohl aber die Anzeige einer Mangelerscheinung im Blick auf die Organisation von Bildung insgesamt.

Mehr bezahlen

Meinen letzten Überseeflug habe ich vergangenen November angetreten. 1'000 Franken habe ich für den Flug in der vorgängigen Reisekostenaufstellung veranschlagt. Aber ich lag weit daneben: Der Flug von Zürich nach San Diego und zurück hat gerade mal gute 400 Franken gekostet. Zwei Drittel davon waren Gebühren und Steuern, der Flug selber kostete, wenn ich mich recht erinnere, knappe 150 Franken.

Und das alles in einem Jahr, in dem sich das panische Gesicht einer Greta Thunberg ins kollektive Gedächtnis eingebrannt hat, wie sie in glühenden Worten vor der Klimakatastrophe warnt. Das alles in einer Zeit, in der die Bewegung «Fridays for Future» weltweites Momentum aufnahm und Protestaktionen von «Extinction Rebellion» für internationales Aufsehen sorgten.

Für 400 Franken in die USA und zurück: In einem Land, in dem gefühlt jeder zweite Primarschüler mit einem iPhone für 800 Franken herumläuft und schon ein Abend zu zweit in einer Pizzeria locker 150 Franken kostet (mit dem schlechtesten Wein ...), ist es kein Wunder, dass die Maturareisen ins Tessin oder ins Bündnerland aus der Mode gekommen sind. Heute fliegt schon die Sekundarschulklasse zur Abschlussfeier nach Florida.

In den letzten Wochen ist nun der Flugverkehr aufgrund der Coronakrise weltweit fast zum Erliegen gekommen. Das dichte Netz an Kondensstreifen am Himmel ist verschwunden, sogar in der Anflugschneise am *Züriberg* ist Ruhe eingekehrt. Eigentlich wäre das ein wunderbarer Zeitpunkt, das ganze System neu aufzusetzen. Wenn Flugreisen wirklich für einen signifikanten Teil des CO_2-Ausstosses verantwortlich sind, müsste es doch möglich sein, durch internationale Abkommen eine Umweltsteuer zu erheben und das Billigfliegertum zu unterbinden? Das könnte auch zu einem Umdenken in Grossunternehmen führen, da Geschäftsreisen immer noch den grössten Teil der Flüge ausmachen. Auf jeden Fall scheint mir das Reiseverhalten der westlichen Welt ein Punkt zu sein, an dem eine Rückkehr zur «Normalität» alles andere als wünschenswert ist …

Mehr einheimisch

Wenn die gegenwärtige Pandemie-Krise etwas mit unmissverständlicher Deutlichkeit gezeigt hat, dann ist es die tiefreichende Vernetzung unserer globalisierten Wirklichkeit. Die Welt ist zum Dorf geworden, sagt man. Alternativ könnte man von einem gigantischen Mobile sprechen, zu dem die Menschheit zusammengewachsen ist: Alles hängt aneinander, und wenn man an einer Stelle zieht, bewegt sich irgendwann das ganze Konstrukt.

Ein Virus in China, anfangs kaum eine Schlagzeile wert, findet so seinen Weg über den Personen- und Güterverkehr in die ganze Welt. Und auch dort, wo das Virus noch nicht angekommen ist, waren die Konsequenzen längst zu spüren – denn wenn China Fabriken schliesst und Arbeiter nach Hause schickt, dann wir die *supply chain* hiesiger Unternehmen gestört, dann werden Einzelteile nicht mehr geliefert, dann stockt es an Orten und Enden, die man mit einem Virus nie in Verbindung gebracht hätte.

Das macht nachdenklich im Blick auf die profunden Abhängigkeiten, die gerade westliche Staaten eingehen. Sicher: Wir gehören zu den überragenden Gewinnern und Nutzniessern der Globalisierung. Aber wenn sich dann die Landesgrenzen mal für einige Wochen schliessen, wird erst klar, wie verletzlich und störungsanfällig unser System eigentlich ist.

Nachrichten zur Früchte- und Gemüseernte aus Deutschland haben das eindrücklich vor Augen geführt: Weil die gut 300'000 (!) Erntehelfenden, die sonst v. a. aus Rumänien und Polen eingeflogen wurden, nicht einreisen durften, standen die lokalen Landwirte in der Gefahr, die gesamte Ernte zu verlieren. Durch besondere Reisegenehmigungen und den Einsatz von Geflüchteten wurde der Notstand vorerst abgewendet.

Mit dem Beispiel aus Deutschland will ich keinesfalls die Situation der Schweiz beschönigen. Der Fall ist einfach besonders markant: Die Ernte eines der reichsten Länder der Welt droht vor den Augen der Bevölkerung zu verrotten, weil schlicht die Arbeiter:innen fehlen, die bereit sind, zum Billiglohn Spargeln zu ziehen und Erdbeeren zu pflücken.

Einfache Lösungen dieser Problemlage habe ich nicht wie Asse im Ärmel – aber ganz sicher wird es nicht ohne die Bereitschaft gehen, für die eigene Ernährung wieder mehr Geld auszugeben. Wenn ein Kilo Erdbeeren oder ein Bund Spargeln noch 3 Franken (oder Euro) kosten darf, dann geht das nicht ökologisch, und schon gar nicht mit Arbeitenden, die anständig bezahlt werden. Gerade in der Schweiz, die in den vergangenen Jahrzehnten einen nie dagewesenen Wohlstandszuwachs verzeichnet, müsste es eigentlich möglich sein, auf systemischer Ebene eine Veränderung herbeizuführen und nach der Krise nicht einfach zum Status quo zurückzukehren.

Und Sie?

Diese Liste ist natürlich unvollständig, und die genannten Punkte von ganz unterschiedlicher Schwere und Tragweite. Besonders der letztgenannte bräuchte wesentlich mehr Ausführung und Vertiefung. Ich lasse es aber doch bei dieser kleinen Aufzählung bewenden und spiele die Frage dafür an Sie zurück: Wohin wollen Sie nach der Krise nicht zurück? Welche Chancen für persönliche und systemische Veränderungen sehen Sie als Konsequenz aus dem pandemiebedingten Ausnahmezustand?

Meistens sind es Pfeile, die mich trotz meiner natürlichen Abgrenzung durchbohren, schmerzen und enttäuschen. Mit Deinem Text ist ein Schmetterling über mein «unverstanden Sein» hinweggeflogen. Er zeigte mir, dass ich doch nicht so ungläubig und gottlos bin. Ich habe (m)einen Glauben und den muss ich mir nicht absprechen lassen, obschon ich Gott nicht als Mensch und Gegenüber erlebe. Danke. | **MARKUS GEHRING** |

Wer ist denn «die» Kirche? Passivmitglieder sind noch einige da, aber die «aktiven» sind Menschen, die 80+ sind. Die anderen sind beruflich eingespannt oder brunchen lieber. Und auch die Alten sind neuerdings so einge-schüchtert wegen dem «Risikogruppe»-Sprech, dass die auch nicht mehr wollen. Das Bodenpersonal reisst sich unterdessen mit schwindenden Ressourcen und verminderten Stellenprozenten alles auf, damit doch noch was «geboten» wird in der Kirche. Ich bin es unter-dessen leid, immer wieder zu hören dass «die Kirche» was machen soll. | **SONJA WIELAND**

DIE NEUE FRIEDHOFS(UN)RUHE

| Johanna Di Blasi | 4. Mai 2020 |

Während Städte wie ausgestorben wirken, tummelt sich das pralle Leben ausgerechnet auf Friedhöfen. Ein Tabubruch – oder dessen Überwindung?

08.30 Uhr an einem Wochentag, ein sonniger Morgen. Ich lege meine selbstgenähte Coronamaske an und gehe zum Alten Garnisonfriedhof, einem stillgelegten Militärfriedhof in Berlin-Mitte, eine grüne Oase mit uralten Laubbäumen und Gräbern überwiegend aus dem 18. und 19. Jahrhundert. Auf dem Weg dorthin sind weit weniger Fahrzeuge, Fussgänger und Passanten auf Strassen und Plätzen zu sehen als zu normalen Zeiten. Die Stadt wirkt fast ausgestorben. Dafür herrscht auf dem Friedhof ein munteres Kommen und Gehen.

Ein feierlicher Steinbogen führt zum 1722 angelegten Gottesacker. Violette Fliederbüsche und blühende Kastanienbäume kommen in Sicht. Man hört Käuzchenrufe und gedämpfte Geräusche einer Baustelle. Eine Joggerin dreht auf den Kieswegen ihre Runden. Eine Frau in einem weissen Sommerkleid hat sich lesend auf einer Bank niedergelassen, während eine junge Mutter entspannt ihren Kinderwegen durch den Friedhof schiebt und dabei Nachrichten auf dem Smartphone checkt.

Body Workout auf dem Friedhof

Zwei Männer in schwarzer Fitnesskleidung legen zwischen Gräbern Turnmatten aus. Sie machen ausgiebig Dehnübungen und Muskeltraining. Im Hintergrund sichtbar aus weissem Marmorstein mit einem Volutenaufsatz der Grabstein des romantischen Dichters Friedrich de la Motte Fouqué. Auf dem Grabstein ist das Psalmwort eingemeisselt:

> «Du hast meine Seele aus dem Tode gerissen, meine Augen von den Thränen, meinen Fuss vom Gleiten. Ich werde wandeln bei dem Herrn im Lande der Lebendigen.» (Ps 116).

Am Nachmittag kommen Eltern, um mit ihren Kindern Federball und Frisbee zu spielen und einander zu klagen, dass sie die Kombination von Homeoffice und Kinderbetreuung nicht mehr lange durchhalten. Im hinteren Teil des Friedhofgartens finden sich in loser Verteilung Picknickdecken ausgebreitet. Einige Parkbesucher:innen haben Getränke und Knabberzeug dabei.

Dass es in Ballungszentren derzeit vermehrt Menschen auf die Äcker der Toten zieht, hat einen Grund in verschärften Corona Sicherheitsvorschriften. Der Radius erholungshungriger Grossstadtbewohner hat sich empfindlich auf das nähere Umfeld eingeengt. Sportstudios und Kindergärten haben geschlossen. An schönen Tagen stürzen die Massen hinaus in die Parks, wo die Polizei die Einhaltung von fünf Metern Sicherheitsabstand laufend kontrolliert. Wer nicht in dieser Art überwacht werden will, entdeckt Friedhöfe als angenehme Alternative.

Meet you at the Cemetery!

Friedhöfe sind beliebte Treffpunkte geworden. Man verabredet sich an Gräbern von Prominenten oder am Friedhofseingang, beispielsweise des Green-Wood-Friedhofs in Brooklyn. «Parks Too Crowded? Meet You at the Cemetery Gates», titelte unlängst die «New York Times». Trauergemeinden steht eine wachsende Zahl von Spaziergängern, Joggern, Yogapraktizierenden und Sonnenanbetern gegenüber. Gräber bilden gewissermassen natürliche Barrieren, sodass die Abstandsregeln eingehalten werden. Menschen bewegen sich gelassen, ja lässig auf den Plätzen, um die sie noch vor wenigen Monaten quasi automatisch einen Bogen gemacht haben.

Mit dem Pandemiethema hat das Thema des Sterbens den Alltag durchdrungen und auf einmal sind es die Orte der Toten, wo man sich von beunruhigenden Themen ein wenig erholt.

Verglichen mit dem relativen Ausgestorbensein der Fussgängerzonen sind Friedhöfe momentan geradezu lebendige Orte. Friedhöfe haben in der Krise nichts an Vitalität verloren – weil dort sowieso tote Hose war. Sie haben vielmehr hinzugewonnen. Gleichzeitig sind sie die vertrauten Orte geblieben, die man kennt. Und damit scheint mit Corona zu gelingen, was Friedhofs-PR nicht geglückt ist.

«Der Friedhof: Leben – Lachen – Freude»

Mit Werbekampagnen wird seit Jahren versucht, die Aufmerksamkeit auf den Erholungswert zu lenken. Friedhöfe seien «wichtige Bestandteile des öffentlichen Grüns», heisst es zum Beispiel auf der Homepage der niedersächsischen Landeshauptstadt Hannover. Auch Münchens Friedhöfe heissen Erholungssuchende ausdrücklich willkommen. Sogar joggen ist erlaubt, dies allerdings nur auf historischen Gräberfeldern, auf denen keine Bestattungen mehr vorgenommen werden, wie zum Beispiel auf dem Alten Südlichen Friedhof.

«Die Friedhöfe sind ein beachtlicher Teil der grünen Lunge unserer Stadt», informiert die Stadt Zürich über ihre 24 Friedhöfe mit rund 50 000 Gräbern und malt ein idyllisches Bild: «In den wunderschönen Parkanlagen spazieren Eltern mit ihren Kleinkindern, erholen sich erschöpfte Stadtmenschen und freuen sich Pensionierte an der Natur.»

Seit 2001 wird alljährlich in Deutschland der «Tag des Friedhofs» begangen, organisiert vom Friedhofsgärtnerbund (BdF). Erklärtes Ziel ist es, den Menschen die «Bedeutung des Friedhofs als Ruhestätte, Ort der Trauerbewältigung, Erholungs- und Lebensraum» wieder näherzubringen und «den Umgang mit den Themen Tod und Trauer zu enttabuisieren».

Der Aktionstag ist eine Reaktion auf das Problem, dass mit der Professionalisierung und Institutionalisierung der Bestattung ein selbstverständlicher Umgang mit dem Tod verloren gegangen ist und vielfach Ratlosigkeit und Angst an dessen Stelle getreten sind. Das beschwingte Motto des Thementags im vergangenen September lautete: «Der Friedhof: Leben – Lachen – Freude»

Genau das ist jetzt auf vielen Friedhöfen eingetreten. An der gegenwärtig so vielfältigen wie kreativen Nutzung erscheint bemerkenswert, dass Menschen nicht nur erstaunlich wenig Scheu zeigen, sondern sich auf Friedhöfen regelrecht wohlzufühlen scheinen. Manche benehmen sich wie zu Hause.

Gassigehen zwischen Gräbern

Aber genau das wirft neue Probleme auf. Wo endet die «neue Normalität»? Beim Fussballspielen? Ist kalter Aufschnitt aus dem Picknickkorb o. k., grillen zwischen Gräbern aber tabu? Darf, wenn schon gelacht wird, auch der Ghettoblaster mitgebracht und getanzt werden? Soll eine Wurstbude aufmachen dürfen?

Meditierende Yogis mögen für die einen ein erhebendes Schauspiel sein. Andere begeistert der Anblick fernöstlicher Entspannungstechniken vielleicht weniger oder sie sehen darin sogar eine Entweihung christlicher Begräbnisorte. Der Grat, auf dem ein konfliktfreier Ausgleich unterschiedlicher Vorstellungen und Bedürfnisse möglich erscheint, dürfte tatsächlich relativ schmal sein.

Spätestens bei der Vorstellung des Gassigehens zwischen Gräbern merkt man, dass die «Normalisierung» der Gräberfelder vielleicht doch ihre Grenzen hat.

Insbesondere gegen eine Unterwerfung der Friedhöfe als letzte Orte der Stille unter eine allgemeine Verwertungslogik sperrt sich etwas. Eine lukrative Vermietung verwunschener, efeubewachsener Friedhöfe als gruftige *event location* wäre *spooky*.

Das alles sind keine rein hypothetischen Fragen. Friedhofsverwaltungen stellt die neue Ungezwungenheit vor ungewohnte Herausforderungen. Wenn ganze Yogaklassen anrücken oder Friedhöfe zu Bolzplätzen werden, erscheint eine Kollision von Bedürfnissen unvermeidbar, denn Trauergemeinden und Menschen, die ihre verstorbenen Liebsten besuchen wollen, sind ja weiterhin auch noch vor Ort. Friedhöfe drohen «Unfriedhöfe» zu werden.

In Berlin wurde zwischenzeitlich die Notbremse gezogen. Mit den ersten warmen Frühlingstagen hatte das Treiben auf Gräberfeldern überhandgenommen. Auf einigen Friedhöfen sollen sogar Coronapartys gefeiert worden sein. Ende März entschied der Evangelische Friedhofsverband die knapp fünfzig von ihm verwalteten Friedhöfe vorübergehend zu schliessen. «Uns nötigt auch das Verhalten etlicher Personen dazu, die Friedhöfe zu schliessen, da diese als Fussballplätze, Ersatztoiletten u. a. zweckentfremdet werden», hiess es in der Begründung.

Trauer braucht Schutzräume

Im Interview mit der «taz» erklärte der Geschäftsführer des Friedhofsverbands, Tillmann Wagner: «Es haben sich junge Familien auf Friedhöfen getroffen, die Erdsammlungen als Sandkästen nutzten. Jugendliche trafen sich zwischen den Gräbern zu Pizza und Bier oder spielten Fussball. Friedhöfe wurden vermehrt von Joggern und Radfahrern genutzt, die dann schon mal Trauergesellschaften gebeten haben, aus dem Weg zu gehen.» Inzwischen wurden die Friedhöfe wieder geöffnet, aber joggen ist dort nicht erlaubt.

Wie es scheint, wird gerade ein neuer Umgang mit Friedhöfen eingeübt. Corona legt nicht nur offen, dass sich das

Verhältnis vieler zu Friedhöfen entspannt hat, sondern zeigt auch die Grenzen einer solchen Entspannung.

Was gerade passiert, ist nicht nur ein oberflächlicher Attraktivitätszuwachs, sondern es reicht tiefer. Unser Verständnis der Orte der Totenruhe scheint gerade eine Veränderung zu erfahren, Skrupel und Hemmungen werden abgebaut. Genau damit stellen sich grundsätzliche Fragen: Werden Friedhöfe in modernen säkularen Gesellschaften noch primär als heilige Stätten und Orte des Memento mori wahrgenommen? Sind tradierte Pietätsregeln noch zeitgemäss? Wie kann multiple Nutzung aussehen?

So sehr Freizeitaktivitäten den Trauer- und Gedenkorten etwas von ihrer Schwere nehmen können, so sehr drohen sie die grundlegende Funktion von Friedhöfen zu verletzen, nämlich besondere Schutzräume für Stunden der Trauer und des Andenkens zur Verfügung zu stellen. Selbst wer die aktuelle Ungezwungenheit als «neue Normalität» begrüsst, wird eingestehen müssen, dass eine Unversöhnbarkeit konträrer Nutzungen bestehen bleibt. Insbesondere bei aktiven Friedhöfen, die noch für Begräbnisse genutzt werden, wird man kaum einen Kompromiss hinbekommen, der allen gerecht wird.

Vielleicht zeigt sich gerade in dieser Unversöhnbarkeit ein grundlegenderes Dilemma, das wir mit dem Tod haben. Er «gehört zum Leben», wir sollen ihn daher nicht verdrängen, «tabuisieren». Aber der Tod ist eben auch das Andere des Lebens, die Grenze des Lebens, und daher lässt er sich nun einmal nicht restlos «akzeptieren», «enttabuisieren» und zu einem selbstverständlichen Teil des Lebens machen. Oder in Variation einer berühmten Aussage von Karl Barth: Wir sollen als Lebende den Tod akzeptieren. Aber als Lebende können wir den Tod nicht akzeptieren. Wir sollen beides: um unser Sollen und unser Nichtkönnen wissen.

Der Blogbeitrag hat mich an einen «klerikalen Witz» erinnert. Fragt der Mönch: «Darf man beim Brevier-Beten rauchen?», ist die Antwort natürlich «Nein». Fragt er jedoch umgekehrt: «Darf man beim Rauchen beten?», ist die Antwort «Ja». (denn man kann und soll alles zur grösseren Ehre Gottes tun). Mit dem «selber denken» und dem «beten» ist es ähnlich: Man darf auch beim Beten «selber denken». Das gilt übrigens nicht nur für die Reformierten, sondern auch für die Katholiken – was nicht dagegen spricht, beides als Stärken reformierten Glaubens zu verstehen. | **DANIEL KOSCH** |

ZEIT ZU REIFEN

| Andreas Loos | 9. Mai 2020 |

Whisky-Spirituality: Über die flüssigen Grenzen zwischen *spiritus* und dem *creator spiritus*.
Für vollmundiges Staunen mit theologischen Zwischentönen.

Wie Ihnen diese Zeit gerade wohl schmeckt? Ich frag' das, weil ich zusammen mit meinen Freunden einen Hauch von Langeweile spüre. «Das lähmende Rendezvous mit dem reinen Zeitvergehen», so nennt es der Philosoph Rüdiger Safranski. Es kann erstaunliche Kreativität freisetzen oder auch pathologische Züge annehmen. Die lebendigen Begegnungen und Erfahrungen, bei denen ich gar nicht merke, wie die Zeit vergeht, fallen weg. Und der Konsum von ablenkenden Ersatzprodukten und -erlebnissen nutzt sich ab.

Die eine spürt die Zeit, wie sie stockt und nicht vergehen will. «Wann ist das endlich alles vorbei?» Den anderen schmerzt die Zeit, weil sie unwiederbringlich verrinnt. Corona als riesiger Abreisskalender.

Mit jedem abgezupften Tag steigt der Anteil meines ungelebten Lebens und der nicht verwirklichten Möglichkeiten. «Werde ich das je wieder aufholen können?»

Geschmack der Zeit

Geistbestimmt zu leben, steht für die Kunst, die Zeit – sei sie vergangen, gegenwärtig oder kommend – zu lieben. Heisst für mich, in ihr und mit ihr zu leben, anstatt sie zu managen, im Kampf gegen die Uhr zu ticken oder sie gar gelangweilt totzuschlagen.

Die Forschungen zum Zeitempfinden legen nahe, dass wir Zeit gar nicht im herkömmlichen Sinn wahrnehmen können. Beim Whiskytrinken kommt es mir aber manchmal so vor, als könnte ich sie schmecken. Was ich da gerade trinke, ging als ungeniessbare Masse in ein Eichenfass, vor 12, 15, 18 oder gar 30 Jahren. Was aus Gerste, Wasser, Torfrauch und Co. werden kann, wenn man sie leidenschaftlich in Ruhe lässt! Zeit schenken, um reifen zu lassen ... Im Whisky schmecke ich das Zeitgeheimnis des Heiligen Geistes.

Lange habe ich an *instant creation* geglaubt: «Wenn Gott sich etwas ausdenkt und es will, dann schnippt er mit dem Finger und macht es im Nu.» Bis mir auffiel: Gott lässt sich schon beim Akt der Welterschaffung Zeit. Die Schöpfung ist nach dem ersten Tag noch nicht das, was sie nach dem zweiten Tag sein wird. Der Geist Gottes brütet sie aus. So zieht es sich durch die Schöpfungserzählung der Bibel (Genesis 1 und 2) bis zum siebten Tag der Ruhe. Und so ist es bis heute: Gut Ding will Weile haben.

Warum ist das so? Warum hat Gott mich nicht in einem vollendeten Zustand erschaffen, der keine Zeit braucht, um zu werden, zu wachsen und zu reifen? Ich glaube, er nimmt sich mit mir Zeit und schenkt sie mir, weil er mich liebt. Liebe, wie sie im Ersten Brief an die Korinther (1Kor 13) gefeiert wird, ist wohl so ziemlich das Gegenteil von geistlichem Steigerungszwang und Selbstoptimierungsdruck.

Habenseite des Lebens

Wenn ich mir, am besten zusammen mit meinen Freunden, einen Whisky eingiesse, wird mir oft bewusst: «Die Liebe Gottes ist ausgegossen in unsere Herzen durch den Heiligen Geist» (Röm 5,5). Die äusseren und inneren Autoritäten, die mir vorgeben wollen, wer und wie ich doch eigentlich und mittlerweile sein müsste, verblassen. Und das ist alles andere als eine alkoholisierte Variante positiver Selbstsuggestion.

Wir erzählen uns nämlich die gegenwärtigen und vergangenen Geschichten des Lebens, nüchtern und ungefiltert, im besten Sinne begeistert.

Ich werde befreit, mich als Mann an einem bestimmten Zeitpunkt meines lebenslangen Reifungsprozesses zu erkennen. Heiligung nannte man das früher. Seufzen ist dabei erlaubt. Tiefe Dankbarkeit aber auch. Für das, was der Geist Gottes mir hat zuwachsen und in mir reifen lassen – mit der Zeit, leise, still und kaum bemerkt. Die Habenseite meines Lebens beginnt zu glänzen.

Ich mag mich selber leiden. Es atmet in mir: Ich soll und muss gegenwärtig nicht der sein, der ich mal sein werde. Das darf ich auch den anderen gönnen und bin wohl gerade in dieser Grosszügigkeit für sie das, was Whisky für mich ist: gereift und geniessbar.

Was könnte aus mir noch werden?

Jetzt wird aus dem Druck – «eigentlich solltest Du doch schon längst» – der faszinierende Sog in die Zukunft. Den Whisky leidenschaftlich in Ruhe und reifen lassen, das können wohl nur diejenigen, die getragen sind von einem experimentierfreudigen und neugierigen Geist, der auf die Zukunft gespannt ist. Die Männer und Frauen der Bibel haben den Heiligen Geist erlebt als einen, der immer wieder wie aus der Zukunft zu ihnen kommt. Er ist Siegel und Verheissung (Eph 1,13–14). Da kommt also mit der Zeit noch mehr als wir vielleicht gelangweilt zu hoffen wagen.

Kaum etwas regt meine Fantasie und Vorstellungskraft derart an wie dieser Hoffnungssog. Und wenn Sie in diesen Tagen den Impuls spüren, sich einmal in diese Strömung hineinzuhalten, dann leisten Sie sich das.

Kann ja sein, dass Sie dazu gar kein oder ein anderes Reifesymbol brauchen. Ich stosse derweil gerne an auf die erste Kreatur, die der Heilige Geist geheiligt hat: Die Zeit, die mich reifen lässt.

WENN ES RUNDUM WIEDER LOSGEHT – BLEIB LANGSAM

| Leela Sutter | 18. Mai 2020 |

Doch, doch, es hat durchaus mit Spiritualität zu tun: Die Frage nach dem in der Welt Sein, ohne sich davon allzu sehr verrückt machen zu lassen.

Ich war gerade im Beck. Samstagmittag, die Schlange vor dem Laden ist überschaubar. Momentan dürfen nur zwei Kund:innen aufs Mal rein. Vor mir steht ein Mann, mittleren Alters, in Joggingkleidern. Er ist sichtlich angespannt. Warum weiss ich nicht, ist mir auch egal. Er wird immer *hässiger*, regt sich darüber auf, dass es so langsam *fürschi* geht. Wir stehen noch nicht mal fünf Minuten an. Sagt zumindest mein Zeitempfinden, das zugegeben nicht immer präzise ist. Das Joggen war wohl nicht so entspannend, denke ich. Der Gute muss dann auch noch andere Anstehende blöd anmachen und zurechtweisen – und ich denke bei mir: *«Läck du mier, was hät dänn dä füren Stress.»* Warum ich nicht laut etwas sage? Weil ich damit erst vor Wochen eine unangenehme Erfahrung gemacht habe, doch das ist eine andere Geschichte.

Weniger Kadenz

Um mich herum kämpfen die Menschen damit, wieder in einen schnelleren Rhythmus des Alltags zurückzufinden. «Ich bin noch nicht parat dafür», höre ich oft. Die verordnete Pause hat vielen gut getan. Für manche war es eine *little did we know!* grössere Pause als für andere – aber schon nur alleine kein durchgetaktetes Sozialleben zu unterhalten, kann viel Zeit freischaffen. Ich persönlich habe mich von einem durchgetakteten Leben schon vor ein paar Jahren verabschiedet. Oder es sich von mir. Darum war diese Pause jetzt nicht eine so grosse Veränderung für meinen eigenen Alltag.

Doch rundherum entdeckten Freunde ihren ganz eigenen Rhythmus. Einer, der sich erst dann zeigt, wenn die Fremdbestimmung bis zu einem gewissen Grad wegfällt oder sich zumindest reduziert. Mein bester Freund sagte: «Es ist, als wäre ich seit Wochen im Kloster. Und ich fühle mich so wohl, einfach mit mir selber.»

Oder eine Freundin meinte: «Ich wünschte mir ganz dringend Erholung – voilà, Corona hat mir genau das gegeben.» Und auch ich selber merkte, wie noch mehr Zeit zu Hause, keine Wegstrecken und vor allem viel Stille unglaublich wohltuend sind.

Weniger Programm

Wie lässt sich das mittragen in einen Alltag, der vielleicht wieder etwas schneller läuft? Wenn der Verkehr wieder zunimmt, mehr Menschen unterwegs sind? Ohne dass wir wie der Mann vor dem Beck *hässig* durch die Welt müssen? Zum einen dadurch, dass wir uns etwas weniger hetzen lassen vom Konzept Zeit: Zeit ist nicht so absolut, wie sie manchmal tut. Vielleicht haben wir in den letzten Wochen entdeckt, wie viele «Programmpunkte» tatsächlich in einen Tag gehören. Vielleicht sind vier Termine plus Feierabendbier plus Sport *echli vill*. Was hast du davon, einen Tag bis zum Rand zu füllen? Also. Trink den *Kafi* am Morgen in Ruhe. Vielleicht kommst du dann später ins Büro, machst dich *defür* gleich an die Arbeit statt leicht irritiert zuerst noch eine halbe Stunde Internetspass zu machen.

Weniger Fremdbestimmung

Zum andern vielleicht auch dadurch, dass wir uns immer mal wieder einen Nachmittag frei nehmen. Um spazieren zu gehen. Oder zu backen. Oder rein gar *nüüt* zu tun. In den meisten Berufen muss man nicht 8.5 Stunden am Tag im Büro sitzen. Es ist nicht an jedem Tag gleich viel zu tun. Dann lieber am einen Tag weniger arbeiten, am nächsten dafür etwas mehr. Wenn es deine Arbeit erlaubt: Teil sie dir selber ein. Mehr Selbstbestimmung, weniger Fremdbestimmung – ein sehr gutes Gefühl. Du gehörst niemandem. *Jep!*

Vielleicht müssen auch nicht so viele freie Abende verplant sein. Immer mal wieder Stunden (oder für die ganz Mutigen sogar Tage) frei lassen und dann mal schauen, was passiert. Das Gefühl der Enge und des Gehetztseins ändert sich nur, wenn wir uns Platz schaffen. Platz, einfach zu sein. Unverplant und unverstellt. Konsum tut bloss so, als schaffe er mehr Platz. Doch die neuen Schuhe, das neue Smartphone, das alles befriedigt bloss kurzfristig. Und ich zumindest will nicht wie ein Junkie abhängig sein vom immer nächsten High. Freiheit ist ein viel besseres Gefühl als ein momentanes High.

Und: Wenn du in einer Schlange stehst, dann steh einfach da. Spüre deine Füsse in den Schuhen, vielleicht den Magen knurren, deinen Atem. *Hässig* werden wir nur dann, wenn im Kopf das *Getöibele* losgeht von «Ich wollte schon längst wieder Zuhause sein und duschen! Wenn das nicht schneller geht, ist der Tag schon wieder fast um und ich habe nichts davon gehabt!» Doch das *Getöibele* ändert nichts daran, dass du in Tat und Wahrheit einfach in einer Schlange stehst – alles andere sind bloss unangenehme Gedankenspiele.

Das Schöne an der reformierten Kirche ist ja, dass sie sich in vielen Bereichen nicht festlegt: «Wir sind offen für alle.» Das bedeutet aber auch oft, dass sich die Mitglieder persönlich nicht wirklich festlegen können oder wollen. Das finde ich schade, ich würde eigentlich gerne tiefergehend mit den Leuten meiner Kirche über den Glauben sprechen. | MADLAINA |

Glaube ist Vertrauen in die Tragkraft der eigenen Projektion. Theologie arbeitet an der Steigerung der Qualität dieser Projektion mit Einbezug von Denktraditionen und in der Auseinandersetzung mit aktuellen Fragen. | SIMON PFEIFFER |

UNSERE ZEIT

| Luca Zacchei | 16. Juli 2020 |

Willkommen in unserer Zeit! Es ist zwar eine anstrengende Zeit, aber dafür auch voller Möglichkeiten, die du nicht wahrnehmen darfst.

Willkommen in unserer Zeit. Eine Zeit, in der Elektroautos sinnvoll, aber auch nicht wirklich ökologisch sind. Eine Zeit, in der Gesichtsmasken nicht notwendig waren, aber jetzt im ÖV unabdingbar sind. Die Maske ist zwar nicht ein Tschador, aber dafür auch weniger schön. Eine Zeit, in der die Einzelnen zählen, aber die Gemeinschaft wichtiger ist.

Eine Zeit, in der du mit China doch wirtschaftliche Beziehungen pflegen musst, auch wenn die jeweilige Regierung es mit den Menschenrechten nicht so genau nimmt, du mit der Türkei an einem Tisch verhandeln sollst, nur damit die Syrer:innen an der Grenze zum vereinten Europa aufgehalten werden können, du mit Amerika zu kooperieren hast, da die Russen die schlimmeren Kapitalisten sind. Übrigens: Julian Assange ist mutig, aber auch egoistisch.

Eine Zeit, in der wir Expert:innen trauen, aber Verschwörungstheoretikern glauben, in der Präsenzzeiten im Homeoffice gelten, in der du eine starke Meinung haben musst, aber dich auch politisch korrekt äussern solltest. Bill Gates tut Gutes, aber tut er es wirklich ohne lukrative Absichten?

Eine Zeit, in der «sich» das Klima ändert, aber wir uns nicht gerne einschränken lassen, in der die Hagia Sophia eine museale Moschee ist, die Arbeit wichtig und die Musse gleichwertig ist. Willkommen in unserer Zeit! Mache es dir bequem, dort ist dein Sofa, der empathische Psychiater hört aber erst dann zu, wenn du die Rechnung von der letzten Sitzung beglichen hast.

Bio-Desinfektionsmittel mit Bergamottenote

Eine Zeit, in der Medien wichtig sind, solange du sie umsonst konsumieren kannst. Eine Zeit, in der du vom Arzt eine E-Mail erhältst, damit du dein Baldrian-Rezept für die Digital-Detox-Kur downloaden kannst. Antiviren-Programme hast du zwar, die nützen für die Pandemie-Nebenwirkungen aber nur bedingt.

Willkommen! Mache dich doch selbstständig, aber achte auf die coronabedingte Rezession. Vielleicht ein Bio-Desinfektionsmittel mit Bergamottenote? Du sollst deine Leidenschaften ausleben, aber deine bürgerlichen Steuerpflichten erfüllen. Schau' doch: Narziss und Goldmund laufen Hand in Hand.

Eine Zeit, in der Donald Trump nie im Leben gewinnen soll, aber Joseph Biden auch keine echte Alternative ist. Eine Zeit, in der Spiritualität unglaublich relevant ist, du aber deine Yoga-Lektion via Bildschirm abhalten musst. Wenigstens ist der Screen jetzt angenehm warm. Willkommen, meine Liebe, sei gegrüsst, mein Lieber. Jetzt mache bitte die Augen zu. Hörst du die Leute auf dem Balkon klatschen?

Eine Zeit, in der die Familie das Allerwichtigste ist, aber deine Freundschaften auch. In der politische Apathie aus inflationären Referenda und Initiativen hervorkeimt. *Referenditis*, genau da, Herr Doktor, habe ich gegoogelt, es ist ein Pilz. Sie müssen meine Diagnose nur bestätigen.

Eine Zeit, in der seltsame Dinge passieren. Aber definitiv unsere Zeit.

VERDÄCHTIG – MIT UND OHNE MASKE

| Evelyne Baumberger | 25. Juli 2020 |

Über die Maske hinweg blicken wir einander verstohlen und misstrauisch an. Dabei lassen sich Schutzbedürfnis und Offenheit ganz leicht verbinden.

«Kennen wir uns?» – Der Mann im Zug sagte zwar nichts, aber so deutete ich seinen Blick, den er etwas länger hielt als normal. Unter seiner OP-Maske schaute ein Holzfällerbart hervor. Interesse oder eine emotionale Regung war in seinen Augen nicht zu lesen, und schlussendlich auch kein Wiedererkennen, so blickte er wieder weg, als die S-Bahn in den Bahnhof einfuhr.

Man gewöhnt sich schnell an die dünne Schicht über Mund und Nase. Psychologisch fühlt es sich besser an als vor der Maskenpflicht, wo man sich in Bussen und Bahnen ständig fragen musste, ob die Person schräg gegenüber allenfalls unwissentlich das Virus überträgt. Oder ob man selber bereits angesteckt war – und schwupps, schon fühlte man sich ohne Maske schuldig. Nun sind die Verhältnisse klar, und das Risiko, sich oder andere anzustecken, ist geringer.

Darum: *«Es isch, wie's isch»*, inklusive der Brillengläser, die anlaufen, trockenen Nasenschleimhäuten und der leicht fettigen Haut nach dem Ausziehen der Maske. «Schon nicht so erotisch», kommentierte einer im Zug kürzlich, und ja: Die Wirkung selbstgenähter Masken mit bunten Mustern hat nun mal gar nichts von venezianischen Karnevalsmasken.

Anonymität schützt vor Verdacht

Schutz ist weder bequem noch sexy. Das Unwohlsein hat aber auch damit zu tun, dass sich die allgemeine Stimmung gedreht hat: Während am Anfang der Coronazeit Solidarität herrschte, alle motiviert waren, fügen wir uns jetzt, damit das Leben einigermassen weitergeht und wir das Virus so gut es geht ignorieren können. Ungern, aber vernünftig. Das Misstrauen, das sich am Anfang in Hamsterkäufen äusserte, schwelt latent weiter. Wenn jemand im Zug keine Schutzmaske anzieht. Oder eine zerknitterte, die beim Einsteigen noch aus der Jackentasche genestelt wurde. Wer die Maske unter die Nase zieht, erntet strafende Blicke. Wenn eine das Trinken des Kaffees im Zug unnötig in die Länge zieht, um die Tragepflicht zu umgehen, provoziert sie Missgunst. Das klingt zynisch, ist aber mitnichten so gemeint: Wenn die Maskenpflicht nur einer Handvoll, ja – nur einem Menschen das Leben rettet, lohnt sie sich.

Die Maske bringt Anonymität und schützt gleichzeitig vor dem Generalverdacht. Wer Gesicht zeigt, macht sich angreifbar. Hätten wir aus Versehen mal keine Maske dabei, würden wir uns nackt fühlen.

Gleichzeitig verdeckt die Maske einen beträchtlichen Teil des emotionalen Ausdrucks. Sie macht das Gegenüber unleserlich, und damit irgendwie auch verdächtig. Auch nach Wochen blicke ich immer noch suchend in die Gesichter meiner Mitreisenden, anstatt anzufangen, Körpersprache, Kleidung und Accessoires zu deuten. «Wer ist das? Kenne ich die Person? Ist sie harmlos? Ist sie wütend?» Der *swiss stare*, unser gewohntes Mustern Fremder durch kurzen Blickkontakt, wird zum Verdachtsmoment. Ein Dilemma: Egal, ob mit oder ohne Maske – die Situation fördert Misstrauen.

Nähe ist unerträglich geworden

Rilke beschreibt in den «Aufzeichnungen des Malte Laurids Brigge» eine Szene, in der eine Frau am Strassenrand sitzt, ihr Gesicht vornüber in den Händen vergraben. Der Protagonist gibt sich Mühe, leise zu gehen, um sie nicht zu erschrecken. Doch:

> «Die Strasse war zu leer, ihre Leere langweilte sich und zog mir den Schritt unter den Füssen weg und klappte mit ihm herum, drüben und da, wie mit einem Holzschuh. Die Frau erschrak und hob sich aus sich ab, zu schnell, zu heftig, so dass das Gesicht in den zwei Händen blieb. Ich konnte es darin liegen sehen, seine hohle Form. Es kostete mich unbeschreibliche Anstrengung, bei diesen Händen zu bleiben und nicht zu schauen, was sich aus ihnen abgerissen hatte. Mir graute, ein Gesicht von innen zu sehen, aber ich fürchtete mich doch noch viel mehr vor dem blossen wunden Kopf ohne Gesicht.»

Mir scheint, dass der Protagonist mit aller Kraft wegschaut, um die rohen Emotionen im Gesicht der aufgeschreckten Frau nicht sehen zu müssen. Die Situation geht ihm zu nahe.

Die Allegorie passt für mich aber auch zum Dilemma in öffentlichen Verkehrsmitteln: Das Misstrauen, wenn jemand eine Maske trägt, ist zwar immer noch geringer als das, wenn jemand keine trägt. Aber es ist und bleibt bestehen. Am liebsten bliebe ich einfach zu Hause. Bei den Menschen, die ich kenne und denen ich vertraue. Bei den Menschen, mit denen ich den Viren- und Bazillenpool teile, deren Nähe ich ertrage, und wo auch mal eine Umarmung drinliegt. Das soziale Umfeld hat sich verkleinert. Und wer alleine ist, wird noch einsamer.

Die Maske in öffentlichen Verkehrsmitteln verstärkt nur die Stimmung, die momentan ohnehin herrscht: Verstohlen, misstrauisch und fragend blicken wir einander an. Die Lösung wäre einfach: Lächeln. Denn das ist trotz Maske sichtbar – und trotz Maske ansteckend.

Das wichtigste ist, dass es um Gott geht.
| ELISABETH SENFT |

Ich wollte euch schon länger mal
gratulieren für eure sehr ansprechende
und inspirierende Plattform. Kirche
ganz weit und auf der Höhe der Zeit mit
ganz unterschiedlichen Akzenten.
| DANIEL BAUMGARTNER |

ICH WEISS ES NICHT

| Thorsten Dietz | 27. Juli 2020 |

Wie schwer es uns fällt, den Satz «Ich weiss es nicht» über die Lippen oder aufs Papier zu kriegen.

Jürgen Habermas sagte angesichts der jüngsten Covid-19-Herausforderung den bemerkenswerten Satz: «So viel Wissen über unser Nichtwissen gab es noch nie.» Ein kluges Wort.

Im letzten halben Jahr hatten wir alle reichlich Gelegenheit, einander beim Nichtwissen zu beobachten.

Wir wussten nicht im Voraus, was uns erwartet. Weder charismatische Prophet:innen noch Wahrsager:innen noch soziologische Zukunftsforschung haben uns auf dieses Jahr vorbereitet. Mittendrin gibt es auch wenig Wissen. Günstigenfalls Versuch und Irrtum und unermüdliches Weiterforschen; schlimmstenfalls Angstfantasien. Wir können noch nicht einmal sinnvoll Mutmassungen anstellen über unser Wissen im Nachhinein – weil wir das Wörtchen «danach» noch nicht sinnvoll füllen können.

So viel «Wir wissen es nicht» auf einmal war selten oder nie. Gesagt wurde es erstaunlicherweise kaum! Wie schwer es uns fällt, den Satz «Ich weiss es nicht» über die

Lippen oder aufs Papier zu kriegen. Selbst Habermas hüllt mit diesem Satz seine Einsicht in die Formulierung, dass wir immerhin um unser Nichtwissen wissen.

Wie umgehen mit Nichtwissen?

Wir erklimmen immer neue Rekorde der Vielwisserei: Inzwischen erstreckt sich unser Wissen sogar auf unser Nichtwissen.

Nun, viele scheint es zu trösten, wenigstens mehr zu wissen als XY, wahlweise die Regierung, die WHO oder irgendjemand mit Aluhut. Manche wussten es stets besser als die führenden Virologen der Gegenwart. YouTube sei Dank. Wieder andere flüchteten in ein Wissenschaftsglauben, der von der Forschung maximal eindeutige Wahrheiten erwartete. Nur: Sinnvolles Vertrauen auf wissenschaftliche Forschung schliesst solchen Wissenschaftsglauben gerade aus. Denn die Kenntnis des jeweiligen wissenschaftlichen Forschungsstands verbessert idealerweise unsere Urteilsfähigkeit; aber sie nimmt uns das Urteilen in politischen, ökonomischen oder moralischen Fragen gerade nicht ab.

Was sich wirklich wissen lässt, ist sehr überschaubar

Die deutsche Serie «Dark» übersetzte diese Einsicht in bedeutungsschweres Raunen: Was wir wissen, ist ein Tropfen. Was wir nicht wissen, ist ein Ozean.

Ich weiss es nicht – ich wünschte, der Satz wäre sagbarer. Nicht nur in Coronafragen. Mir fallen so viele Fragen ein, wo ich das denke.

Wie geht es weiter mit den Kirchen in Europa? Wie kriegen wir das zusammen, unserer Überlieferung und unserem Weg treu zu bleiben und gleichzeitig den christlichen Glauben verständlich und relevant für unsere Zeit zu formulieren? So vieles wurde schon gesagt, in Thesen gegossen und in Antithesen auseinandergenommen. Ist es so schwer, erst einmal die eigene Ratlosigkeit zu gestehen, bevor man wieder etwas versucht?

Wie kriegen wir die Kurve in der Klimadebatte? Wie können wir gleichzeitig eine freie und offene Gesellschaft bleiben und die grösste Transformation seit der Industriellen Revolution gestalten? Global denken und lokal handeln klang einst so einfach.

Kontrollverlust?

Ich bin Theologe. Da wird erwartet, dass man in manchen Dingen Experte ist. Im Vikariatskurs diskutierten wir über die Frage einer Trauernden: «Wo ist denn der Erwin nun, jetzt, wo er tot ist?» Ich finde die Frage immer noch ganz schön anspruchsvoll.

«Ich weiss es nicht.» – Warum haben wir so Hemmschwellen, diesen Satz zu sagen? Vielleicht ist es so: «Ich weiss es nicht» klingt nach Kontrollverlust. Das ist ein schreckliches Gefühl. Das möchte man nicht erleben. Aber wenn es längst zu spät ist? Warum krallen wir uns so an die Illusion von Kontrolle?

«Ich weiss es nicht» – was könnte diesen Satz denn sagbarer machen? Was könnte uns helfen, eigenes Nichtwissen leichter zu ertragen?

Ein Gedankenexperiment

Stellen wir uns einen bezaubernd blauen Planeten vor, der vom Wunder des Lebens geküsst wird. Mit der Zeit entsteht vielerlei Interessantes, beispielsweise kluge Wesen, nennen wir sie einfach mal: Menschen. Sehr neugierige Lebewesen, die von Geburt an fast nichts konnten, ausser lernen. Und durch das Lernen entstand Wissen und durch Wissen viel Unerhörtes wie Konzerthallen, Raketenabschussbasen oder Teilchenbeschleuniger. Wissen, so entdecken sie, ist Macht. Aus dieser Entdeckung entsteht auch Unschönes. Wettbewerbe, wer es am allerbesten weiss, kann und macht. Und schliesslich Kriege, Exzesse des Strebens nach totaler Macht.

Und: Es entstand auch die famose Idee, dass alles, was ist, auf die Güte einer allwissenden Weisheit zurückgeht, die man «Gott» nennt. Und das war ein grosses Glück. Denn was machte der Gottesgedanke mit den Menschen?

Er erinnerte sie beständig daran, dass sie selbst keineswegs allwissend sind. Er machte sie bescheiden. Denn alle wussten: Unsere Erkenntnis ist Stückwerk. Was wir wissen, ist nur ein Tropfen. Was wir nicht wissen, ist ein Ozean, den Gott allein kennt. Und diese Einsicht machte sie schnell zum Hören, langsam zum Reden. Das liess sie äusserst zurückhaltend sein in der Beurteilung anderer Menschen.

Richten galt ihnen als böse, sahen sie doch jeden Einzelnen als Geschöpf der unendlichen Güte. Gewiss waren sie vor allem einer Wahrheit: der unausdenkbaren Freundlichkeit Gottes. Aber ihre Gewissheit war ohne Fanatismus, wussten sie sich doch geborgen in einem Frieden, der höher

106

ist als alle Vernunft. Ihre tiefsten Überzeugungen nannten sie Glaubenswahrheiten. Jeden Tag war es ihnen eine neue Freude zu sagen: Gott weiss! Wir glauben. Verglichen mit Gott sind wir alle gleich.

Soweit mein Gedankenexperiment. Kehren wir zurück zu unserer Wirklichkeit! Ach ja, stimmt. Genau genommen war diese Geschichte mit dem Planeten, auf dem die Gottesidee entstand, ja gar kein Gedankenexperiment, es gibt ihn wirklich. Aber mmmh ... An welcher Stelle habe ich mich in meinem Gedankenexperiment verrechnet?

Wir lernen noch

Warum werden Menschen durch den Gottesglauben bisweilen nicht bescheidener, sondern noch rechthaberischer? Ich weiss es nicht.

Vielleicht ist es so: Auch den Umgang mit unserem Nichtwissen müssen wir lernen. Und vielleicht ist es mit uns ja wirklich so wie mit dem blauen Planeten und seiner Gottesidee; nur dass wir noch immer erst dabei sind, diese Idee mit all ihrer Tragweite zu erfassen. Vielleicht ist unser eigenes Experiment noch gar nicht gescheitert. Wir befinden uns noch mittendrin in dieser Geschichte. Wir lernen noch.

Vielleicht ist es so. Vielleicht sollten wir ebenfalls das Wort vielleicht mehr lieben. Auch Wörter wie: vermutlich, möglicherweise, wahrscheinlich, mutmasslich. Vielleicht sollten wir mehr Halbwissen wagen. Vermutungen ernsthaft prüfen. Intuitionen nicht verachten. Auch auf die Welt des Wissens die Worte Wolf Biermanns beziehen: «Die allzu hart sind, brechen. Die allzu spitz sind stechen. Und brechen ab sogleich.» Vielleicht sind wir wirklich lernfähig. Vielleicht ist was dran an meinem Glauben: dass der Gottesgedanke ein grosses Glück ist.

Die Entdeckung des Ruhegebets hat mein Bild vom Beten komplett auf den Kopf gestellt. Die Zeiten sind kein Müssen mehr, sondern herbeigesehnte Oasen der Ruhe. Im wortlosen kontemplativen Gebet muss man nicht dauernd überlegen, was man Gott sagen soll, ob man etwas bitten darf oder nicht, oder Fürbitte-Listen runter-beten. [...] Damit ist mir das tägliche Beten tatsächlich vom Frust zur Lust geworden. Und was mir wichtig ist, dem räume ich automatisch Platz ein. Das braucht mit Job und Kindern etwas Organisation und Unterstützung des Partners, aber ist möglich. Eine Zen-Weisheit lässt sich hier auch auf das christliche Gebet anwenden: Meditiere zwanzig Minuten täglich, es sei denn du hast keine Zeit, dann meditiere eine Stunde. | **BRAVESOUL** |

DIE KAPSEL

| Luca Zacchei | 21. September 2020 |

**Eine geheimnisvolle Kapsel aus dem Weltall
schwebt über China, niemand weiss, was es ist.
Eine Kurzgeschichte.**

Als das Objekt die Exosphäre durchbrach, dachte ich zunächst an einen Meteoriten. Das Abwehrsystem hatte in der Nacht Alarm geschlagen. Das Objekt wies einen Durchmesser von ungefähr zehn Metern auf und bewegte sich überraschenderweise leicht wellenförmig auf die Erde zu. Als ich meinem Vorgesetzten via Handy die spärlichen Informationen über diese Anomalie mitteilte, musste ich ein paar Mal leer schlucken. Ich wiederholte den letzten Satz, blieb in der Leitung und wartete ab. Im Kontrollraum war nur noch das Geräusch des Tischventilators zu hören.

Die chinesische Volksbefreiungsarmee musste jetzt schnell reagieren, die richtigen Personen kontaktieren, um gemäss Protokoll zunächst einen ballistischen Angriff auszuschliessen. In der Zwischenzeit hatte das Objekt an Tempo verloren – was für einen Meteoriten zu erwarten war – und bereits die Stratosphäre erreicht.

Meine trockene Stimme versagte ganz, als ich meinem Vorgesetzten die nächste Nachricht übermittelte: Das Objekt fiel nicht mehr und schwebte nun auf einer Höhe von ca. dreissig Kilometern von der Erdoberfläche entfernt. Ich kann mich noch gut daran erinnern, wie ich mit dem Zeigefinger auf den Bildschirm tippte und dasselbe Bild auf dem zweiten Monitor betrachtete. Ich schaltete beide aus und wieder ein. Der Punkt lag an derselben Stelle und bewegte sich tatsächlich nicht mehr.

Diese Nachricht schien meinen Vorgesetzten noch mehr zu beunruhigen. Ich war hingegen ein bisschen erleichtert. Mit einem Festkörper aus dem Kosmos konnte man nicht verhandeln. Dieses Objekt schien hingegen etwas anderes zu sein. Ich hatte meine Pflicht getan, jetzt waren andere Entscheidungsträger an der Reihe.

Ich betrachtete die Bilder des Teleskops: Das Objekt wies eine ovale Form auf, die Oberfläche war vermutlich glatt. Auf den Bildern konnte ich keine Öffnungen erkennen. Die Pressemitteilung, die ich noch am frühen Morgen las, hatte den Titel: «Chinesische Regierung testet neue Drohne.» Dies schien die chinesische Bevölkerung zunächst zu beruhigen, hinter den Kulissen ging die militärische Arbeit aber jetzt erst richtig los.

Als sich die Kapsel – so wurde das Objekt in militärischen Kreisen anschliessend genannt – eine Woche später erneut bewegte, wurde die Alarmstufe rot ausgerufen. Kaum waren die Stadtgrenzen geschlossen und militärisch abgeriegelt, lag die Kapsel nur ein paar Kilometer über den Köpfen der verdutzten Einwohner von Wuhan. Die Panik brach erst dann aus, als die Kampfjets auf die Kapsel feuerten und diese unversehrt blieb.

Ein paar Minuten nach dem ersten Angriff drehte sich die Kapsel lautlos um ihre Achse, zunächst langsam, dann immer schneller. Dann setzt sie sich erneut in Bewegung, dieses Mal aber in entgegengesetzte Richtung. Das Objekt beschleunigte und verliess ein paar Augenblicke später die Erdatmosphäre. Die Nachrichten der besorgten Einwohnerinnen und Einwohner wurden in den sozialen Medien sofort zensiert. In der Presse, im Fernsehen und im Rundfunk wurde der Vorfall nicht erwähnt.

Am 22. Dezember 2019 brach das Virus aus und veränderte das Leben auf der Erde. Jetzt, drei Jahre später, haben wir nun endlich die Pandemie besiegt. Ob es die letzte sein wird, wird sich noch zeigen. Ich heisse Tian Sun, arbeite nicht mehr beim Militär und bin jetzt auf der Flucht. Ihr könnt mir glauben. Oder auch nicht. Ihr könnt gerne jener Erzählung Glauben schenken, die ihr für glaubwürdiger haltet.

Wir können sowieso nichts verändern. Wir können uns nur anpassen.

MEINE ERSTE CORONAPARTY

| Johanna Di Blasi | 6. Oktober 2020 |

Ich sehe mich um. Alle wirken relaxt. Ich bin es nicht.

Der Morgennebel hängt als dünner Schleier über den Maisfeldern mit erntereifen Kolben. Die warme Herbstsonne lässt eine mittelalterliche Burg auf einem Hang leuchten. Er fahre jetzt regelmässig aufs Land zum Sonntagsgottesdienst, hatte mein Bekannter gesagt. Schön, hatte ich spontan geantwortet, ich komme das nächste Mal mit. Man rafft sich ja viel zu selten auf rauszufahren, und ist dann immer von Neuem überrascht, wie gut einem die Landluft tut.

Die Dorfkirche ist gut besucht. Die grosse Mehrzahl der Besucher:innen ist weiblich und 60+. Manche gehen auf die 80 zu.

Ich entschliesse mich, meine getigerte Stoffmaske durch die hellblaue OP-Variante zu ersetzen. Da spüre ich einen leichten Stoss in die Rippen. Die brauche ich hier nicht aufzusetzen, wird mir bedeutet. «Ich brauche die Maske nicht aufsetzen?», frage ich verdutzt.

Tatsächlich: Ich scanne mit meinem Blick die Bankreihen – niemand trägt hier eine Maske. Ein besonders wackliger Greis stützt sich mühsam auf den Arm seiner Enkelin. Selbst er ist ohne Schutz.

Ich behalte die Maske an und fühle mich fast ein wenig unwohl, weil ich aus der Reihe tanze. Wir sind ja soziale Wesen und passen uns gern und intuitiv der Mehrheit an.

Zum Glück fällt mein Blick auf drei maskentragende Greisinnen hinter mir in den letzten beiden Bankreihen. Ich bin also doch nicht die einzige Person, die sich an die Mund-Nasenschutz-Verordnung hält.

Aus voller Kehle

Die Orgel wird von einer Querflöte begleitet – und es wird volles Rohr gesungen. Aus potenziell infizierten Kehlen. Einmal quer durchs katholische Gesangbuch, gefühlt zwei Stunden lang: «Grosser Gott wir loben dich», «Sei gegrüsst Maria, voll der Gnade», «Halleluja», «Credo in unum deum» usw. Wegen einer Kindstaufe dauert der Gottesdienst noch länger als üblich. Und dann teilt der Pfarrer die Mundkommunion aus, legt also die Oblaten direkt auf die Zungen der Gläubigen. Ich sehe mich um. Alle wirken relaxt. Ich bin es nicht.

Nur eines ist schlimmer als das Gefühl, auf der falschen Party zu sein: Wenn du merkst, du bist auf einer richtigen Party – einer Coronaparty.

Erst jetzt begreife ich den Grund, weswegen es fromme Städter neuerdings zu diesem abgelegenen Gottesdienst aufs Land zieht. Es ist der gleiche Grund, weshalb es die Jugend an Wochenenden in die stadtnahen Wälder zieht.

Nicht wegen der Natur, sondern wegen der laxen, weil weniger leicht kontrollierbaren Coronaregeln.

In Stadtkirchen werden Abstände eingehalten, Masken getragen und Desinfektionsmittel benutzt.

Die komplette Kirchenschliessung zu Coronabeginn war für viele Ältere ein schwer zu begreifender Schlag. Ein bisschen vergleichbar vielleicht mit der Situation, wenn man die Tür zu seinem Haus plötzlich verschlossen vorfindet, dem vielleicht einzigen Ort, der noch ein wenig Geborgenheit verleiht. Der Wunsch, das Gottesdienstritual in gewohnter, vertrauter Form zu feiern, scheint für die meisten Anwesenden in der Dorfkirche offensichtlich schwerer zu wiegen als die Sorge um ihre Gesundheit.

Renitente Rentner?

Bei Sonntagskirchgängerinnen habe ich bisher eher nicht an Illegalität gedacht.

An diesem Vormittag aber werde ich Zeuge einer stillen Rebellion der Alten. Rentner, für die neben den Vorerkrankten die Gesellschaft die Bürde der Coronaeinschränkungen hauptsächlich auf sich nimmt, nehmen sich in renitenter Weise die Freiheit, sich Sonntagvormittags über Verordnungen des Staates und ihrer Diözese hinwegzusetzen.

Denn trotz niedriger Erkrankungszahlen in der Gegend besteht bei öffentlichen Gottesdiensten gleichwohl Maskenpflicht.

Während Weihrauchschwaden die blank polierten Putti des Altars umspielen, frage ich mich, was schlimmer wäre. Dass die zur Schau gestellte Sorglosigkeit eine Art von Demonstration christlicher Glaubensgewissheit wäre, im Sinne von: Unser Glaube ist stärker als Corona, das Virus ist ein Mittel, um zu demonstrieren, wie sehr ich mich von Gott geschützt weiss. Oder die Haltung: Corona ist Fake, daher brauchen wir uns nicht zu schützen. Verführt hier, frage ich mich, Gottvertrauen zu Sorglosigkeit und Unverantwortlichkeit? Verwechselt man die Hoffnung, selbst in schwerer Krankheit und im Sterben in Beziehung zu Gott zu bleiben, mit dem Wahn, dass Gott vor schwerer Krankheit und Tod schütze?

Eine andere Nähe zum Tod

Nach dem Segen verlasse ich fluchtartig den Raum und bin unter den ersten, die sich auf dem Kirchplatz einfinden. Zwei Maskenträgerinnen aus der hintersten Reihe tauschen ihre Verwunderung darüber aus, dass in der Dorfkirche auf Coronaregeln gepfiffen wird. Sie schütteln ihre Köpfe und werden nicht wiederkommen. Wieder im Auto, möchte ich von meinem Begleiter wissen, ob er wegen der laxen Regeln in die Dorfkirche pilgert. Er bejaht und fügt hinzu: «Ob ich an Altersschwäche sterbe oder an Corona, ist auch schon egal.»

Es klingt fast wie der brutale Satz des deutschen Grünen Boris Palmer, für den der Politiker zurecht heftig kritisiert wurde: «Wir retten möglicherweise Menschen, die in einem halben Jahr sowieso tot wären.»

Nur dass hier nicht ein Mensch über andere spricht, sondern über sich selbst – und das ist kein geringer Unterschied.

Aus dem Satz spricht weder sorgloses Gottvertrauen noch die Unterschätzung des Covid-19-Virus, sondern eine andere Nähe zum Tod.

Ist das legitim? Natürlich nicht, wenn andere gefährdet werden. Aber wenn man sich selbst in Gefahr bringt und dann im Fall einer Erkrankung konsequenterweise auf medizinische Unterstützung verzichtet? Wenn es einen Konsens gibt, wie offenbar in jener Versammlung Vulnerabler, dass man gemeinsam das Risiko auf sich nimmt, weil man den Preis des *spiritual distancing* nicht zahlen will? Vielleicht müssen wir akzeptieren, dass es andere Perspektiven auf den Tod gibt – und dass die Vermeidung des Tods um jeden Preis nicht für alle die höchste Priorität besitzt.

Wir brauchen eine neue Sprache. Genau. Wofür? Was ist es, das wir im brüchigen Gefäss Kirche weitergeben möchten? Kann ich es auch so sagen, dass es die Runde beim Feierabendbier versteht? Die Väter und Mütter auf dem Spielplatz oder an der Schulveranstaltung? Die vielen Pendler täglich unterwegs? Die Fernfahrer, die uns alles liefern, was wir uns erträumen? Die Migranten? Die Klimademonstranten? ...?

Oder brauchen wir nicht vielmehr ein neues Hören? Suchendes Hören auf göttliches Wort? Hören auf Erzählungen von aktuellen Mitmenschen genauso wie Hören auf kristallisierte Erzählungen in der Bibel? Hören auch auf die zunehmend ausdifferenzierten und aufregenden Erkenntnisse und Fragen der Wissenschaften? Hören mit Herz statt sprechen mit Herz?

Und wenn gemeinsame Sprache fehlt, könnten wir nicht doch gemeinsam handeln? Was würde solches Handeln auszeichnen? Vielleicht entstünde daraus auch neues Sprechen, Erzählen von Verbindendem ...

| SIMON PFEIFFER |

WER JETZT ALLEIN IST, WIRD ES LANGE BLEIBEN

| Thorsten Dietz | 27. Oktober 2020 |

Kann man, sollte man bei Rilke was lernen? Das Schicksal wieder ernst zu nehmen? Unvermeidliches nicht zu verdrängen?

Früher gab es Schicksal. Etwas, dem man nicht ausweichen konnte. Dem man mit einer Haltung begegnete, für die wir beinahe nur noch aussterbende Wörter zur Verfügung haben wie Ergebung oder Demut. In Rainer Maria Rilkes Gedicht Herbsttag (1902) kann man so etwas noch finden.

Ein Gedicht aus einer anderen Zeit

Herr: es ist Zeit. Der Sommer war sehr gross.
Leg deinen Schatten auf die Sonnenuhren,
und auf den Fluren lass die Winde los.

So beginnt dieses Gedicht, mit der Erfahrung abnehmenden Lichts und wachsender Winde. Aber bevor die letzten Erinnerungen an den Sommer vertrieben sind, macht die zweite Strophe seine Restwärme noch einmal sichtbar.

Befiehl den letzten Früchten voll zu sein;
gieb ihnen noch zwei südlichere Tage,

dränge sie zur Vollendung hin und jage
die letzte Süsse in den schweren Wein.

Die Freuden des Sommers verfallen nicht einfach dem Vergessen. Die letzten Tropfen Sommer im Herbst werden liebevoll gewürdigt und dankbar genossen. Und dann wendet sich das Blatt. Die dritte, längste Strophe schaut voraus in den Herbst und den sich anbahnenden Winter.

Wer jetzt kein Haus hat, baut sich keines mehr.
Wer jetzt allein ist, wird es lange bleiben,
wird wachen, lesen, lange Briefe schreiben
und wird in den Alleen hin und her
unruhig wandern, wenn die Blätter treiben.

1902 wurde dieses Gedicht erstmals veröffentlicht, und man spürt es in jeder Strophe: Das Leben geschieht im Kreislauf der Jahreszeiten. Wetterumbruch und Absturz der Temperaturen sind nicht einfach belangloser Hintergrund des immer gleichen Lebens. Im Winter ruhen die grossen und kleinen Baustellen des Lebens. Die Besuchszeiten sind zu Ende. Man reduziert sich auf den Kreis der eng Verbundenen.

Wir erkennen unsere heutige Welt darin nur noch mit Mühe

In vielen westlichen Ländern sind wir sehr weit darin gekommen, den Wechsel der Jahreszeiten zu vergleichgültigen. Im Winter heizen wir, im Sommer kühlen wir. Statt schlechtem Wetter gibt es nur noch unpassende Kleidung.

Die meisten haben gelernt, wie Allwetterreifen zu funktionieren.

Natürlich wird auch im Winter noch gebaut, wenn auch weniger. Der Sommer war sehr gross – das wirkt wie ein Gedicht aus einer anderen Zeit. Zumindest war das einmal so.

Es ist ein Rilkejahr. Und dann kam dieses Jahr 2020. Im Spätwinter taucht es auf, dieses Corona, und erwischt uns eiskalt. Normalerweise leben wir nicht mehr in Rilkes Welt, wo die Jahreszeiten das Mögliche definieren. Ob Strassen befahrbar sind oder nicht, ist keine Frage mehr des Wetters, sondern der Organisation von Räumungsdiensten. Die Bahn fährt auch im Winter, in der Schweiz auf jeden Fall, in Deutschland zumindest meistens. Es gibt keine gemeinsame Herbststimmung mehr. Manche gruselt es, andere freuen sich. Alle leben in ihrer Welt. So beschreiben wir unsere Welt.

2020 trifft es uns wie ein Schock, dass wir alle wieder in derselben Welt leben. Und mehr: Jahreszeiten sind real.

Die meisten westlichen Länder kommen mit ihren Massnahmen über eine erste Coronawelle hinweg. Und dann ist es Sommer. Die Fallzahlen befinden sich im freien Fall. Endlich gibt es wieder so etwas wie ein öffentliches Leben. Okay, weder Grosskonzerte noch Kirmes oder Fussballstadien, aber nun doch: Biergärten! Strandleben! *Summer in the city!* Der Sommer war sehr gross. Ohne Umarmung oder Küsschen, aber wieder unter Leuten. Wir waren wandern oder schwimmen, besuchten Gottesdienste, Chor- und Theaterproben. Demonstrationen ziehen durch die Strassen. Gegen rechts und für das Leben, vor allem aber auch: gegen

Hygieneauflagen. Auf dem Minimum der Massnahmen findet die Empörung über Einschränkungen ihr Maximum. Es sind glückliche Zeiten, wo solcher Ärger und der Ärger über solchen Ärger gerade alle anderen schlechten Nachrichten verdrängen kann.

Der Sommer war sehr gross

Nicht, dass niemand gewarnt hätte, dass es im Herbst und Winter anders kommen könnte. Aber Respekt vor den Jahreszeiten ist so ungeübt.

2020 hat so vieles 1902-mässiges. Jahreszeiten sind real. Der Sommer war ein Möglichmacher. Es ist Herbst und die Leute sind wieder drinnen. Es ist Herbst, aber wir leben einfach weiter wie im Sommer. Es ist Herbst, die Entwicklung der Coronafallzahlen in ganz Europa sagen uns, dass wir so nicht weitermachen können.

Es ist Herbst und wir wollen es nicht wahrhaben. Nie war es so wahr wie in diesem Jahr: Viele Treffen, Feiern, Begegnungen, die lange möglich waren, werden ausfallen. Wer jetzt allein ist, wird es lange bleiben. Die Welt kann wieder Rilke – können wir das auch noch?

Ein Gedicht für unsere Zeit?

Kann man, sollte man bei Rilke was lernen? Das Schicksal wieder ernst zu nehmen? Unvermeidliches nicht zu verdrängen? Nun könnte man mit Gründen sagen: Lasst uns doch den Fortschritt geniessen, eigentlich dieser Rilkewelt entwachsen zu sein! Wir sind weit gekommen in der Zähmung des Schicksals.

Niemand sollte sich nach Zeiten sehnen, in der passive Ergebenheit eine Schönfärbung der Einwilligung ins Unvermeidliche darstellte.

Nein, kein Zurück nach 1902. Dinge lassen sich bewegen. Nicht immer schnell, geschweige denn sofort. Aber langfristig immer.

Ja, irgendwie schon, zurück nach irgendwann ist nie eine gute Idee. Aber unsere Zähmung des Schicksals hat auch einen Preis. Je weniger Schicksal, desto mehr Schuldige. Es gibt kein Unglück mehr, nur noch Versagen.

Olympische Spiele sind ausgefallen. Aber für nicht wenige sind die Coronastatistiken an die Stelle von Medaillenspiegel getreten.

Wer hat am schnellsten reagiert? Die niedrigsten Fallzahlen. Die meisten Intensivbetten? Den geringsten Wirtschaftseinbruch? Den unfähigsten Präsidenten? Die beste Krisenmanagerin? Die klügsten Virologen? Braucht es je wieder Olympia, wenn man aus dem Handgelenk eine solche Vielzahl neuer Disziplinen schütteln kann? Der Herbst ist noch lange nicht rum und der Winter kommt erst noch. So denke ich mit Schrecken und meine damit: Es könnte hart werden. Und ich möchte wieder ein wenig Rilke lernen.

Was könnten wir denn lernen, wenn wir es noch können? Altmodische Dinge, wie Dankbarkeit, Demut und Geduld. 1902-mässige Dinge. Aber in diese Zeit könnten sie wieder passen. Herr, der Sommer war sehr gross. Es beginnt nicht nur wie ein Gebet, es ist eines von Anfang bis Ende. Im Beten finden wir Zugang zu Sprachen, die wir in der Zähmung des Schicksals leicht verlernen. Zu leicht verlernen. Die Sprache der Dankbarkeit.

Der Sommer war sehr gross. Wir haben gegrillt, alte Freunde getroffen. Wir haben einander erzählt von den Wochen, wo die Welt Kopf stand. Der Sommer war sehr gross. Für Momente haben wir das Gefühl vergessen, wie es ist, wenn einem die Decke auf dem Kopf fällt. Die meisten von uns hatten keine Ahnung, wie schnell der Herbst uns das Gefühl zurückgibt.

Zeit loszulassen

Mehr Sprache der Demut wäre hilfreich. Vielleicht auch weniger Nationen-Ranking. Überhaupt mehr Solidarität statt Besserwisserei.

Am Ende gibt es keine Siegerehrung für die, die alles als Erste wussten und am konsequentesten umsetzten. Es ist eine Heimsuchung, die keinen verschont. Und da könnte auch eine Sprache der Geduld hilfreich sein. Vor uns liegen Herbst und Winter. Nicht das Ende der Welt. Bessere Zeiten gab es und wird es geben. Rilkes lakonische Beschreibung unvermeidlicher Wintereinsamkeiten sind nicht trostlos, sondern realistisch. Die Einwilligung ins Unvermeidliche ist keine Niederlage. Loslassen ist kein Scheitern.

In diesem Jahr möchte ich von einem solchen Gedicht wieder lernen. Die Fähigkeit, mit offenen Sinnen das zu geniessen, was noch geht. Die Bereitschaft loszulassen, was sich nicht halten lässt. Die Kraft zu ertragen, was unvermeidlich ist. Ohne den Schmerz immer gleich Wut werden zu lassen auf die vermeintlich Schuldigen, Dummen und Unvorsichtigen. Ein wenig mehr Rilke für das Rilkejahr!

Die Maske ist auch ein mystisches Zeichen. Es erinnert uns daran, dass wir in seelischen Themen unklar sind. Tragen wir eine Maske unbewusst, können wir Scham, Angst, Trauer und Wut verdecken. Diese negativen Erlebnisse lasten teils zentnerschwer auf der Seele und fallen der Freude zur Last. Deshalb ist die Maskenpflicht eine Erinnerung von aussen nach innen zu schauen. Dort liegen die Schätze – schwere und leichtere. Sie zu entdecken ist die grösste Lebensaufgabe des Selbst.

Die Massnahmen im öffentlichen Raum sind ein Spiegel, um unsere Glaubenssätze zu betrachten. Was glaube ich über mich? Was ist davon echt und was eher eine Maske? Was ist mir schon bewusst und was könnte als Maske auf meiner Seele unbewusst liegen? Denn schon Jesus sagte: Denn nach deinem Glauben geschehe dir.

| REMO RUSCA |

EINSICHTEN AUS DER QUARANTÄNE

| Leela Sutter | 31. Oktober 2020 |

Unsere Autorin Leela Sutter war zehn Tage in Quarantäne – und hat in dieser Zeit manche Dinge neu oder anders entdeckt.

1. Zeit

Im Alltag scheint die Zeit eine feste Grösse zu sein, etwas, das man ernst nehmen muss, dem man sich unterwirft.

In diesen Tagen habe ich wieder einmal neu erlebt, wie surreal Zeit ist. Die Tage waren endlos und gingen dennoch irgendwie sehr schnell vorüber.

Ich erinnere mich daran, wie ich letzten Donnerstag erstaunt feststellte, dass die Woche schon beinah durch ist und ich praktisch rein gar nichts gemacht hatte. Und mich trotzdem sehr gut unterhalten fühlte. Wenn man das so sagen will. Wenn es wenig im Aussen, in der Welt draussen zu tun gibt, fällt dieses ständige Diktat der Zeit weg – es spielt keine Rolle, wann ich was tue. Natürlich gab es auch in diesen zehn Tagen Dinge, die zu tun waren. Yogastunden via Zoom zum Beispiel, Videos für «Holy Embodied», eine neue Podcastfolge. Doch die Reihenfolge, in der die Dinge erledigt wurden, war sehr frei. Und auch sehr zufällig. Doch

mir fiel vor allem die grosse Freiheit auf, wenn ich einfach
auf den Rhythmus des Moments hören kann. Was ist jetzt
grad dran? Filmen, Yoga vorbereiten, Audio schneiden?

2. Druck *"internalisierter Kapitalismus"*

Wenn ich so auf den Moment hören kann, merke ich auch
den inneren Druck sehr deutlich; ein Druck, produktiv zu
sein, endlich zu arbeiten. Dabei zählen Dinge wie Aufräu-
men, mit den Katzen spielen, ein *Jäggli* fertig *lismen* natürlich nicht, wo kämen wir denn hin. Sagen zumindest die
verinnerlichten Stimmen. Die pochen darauf, dass Arbeit
nur so und so einen Wert hat, nur so und so aussehen kann.
Gespeist sind sie aus unserer Kultur, aus meinen Vorbildern
als Kind und den Erfahrungen als junge Frau in der Arbeits-
welt. Ganz deutlich war das am Montag vor einer Woche,
dem zweiten Tag der Quarantäne, um sieben Uhr morgens.

Ich wachte auf und hörte, wie sich rund um mich die Welt
bereit machte, mit der Arbeit zu beginnen. Die Bauarbeiter
mit ihren Maschinen, die Nachbarn mit ihren schnellen
Schritten, das Wuseln der Stadt, das zu mir hoch dringt.
Eine Geschäftigkeit, die zu schwingen beginnt. Und ich?
Ich war noch nicht bereit aufzustehen.

Es war viel wahrer, einen Moment mit meinen *Büsis* im
Bett zu meditieren. Doch der Druck, jetzt doch bitte dann mal
aufzustehen und damit zu beginnen, die To-do-Liste abzu-
arbeiten, der baute sich praktisch mit jeder Minute weiter auf.
Krass. Wann genau haben wir verlernt, auf sowas wie einen
natürlichen Rhythmus zu vertrauen und *stieren* stattdessen
einfach durch die Zeit, *ghauenodergschtoche*? Wow.

3. Vertrauen

Wie gesagt, diesem inhärenten Rhythmus zu vertrauen, fühlt sich an wie tausend Tode sterben. *Ohni Scheiss.* Wenn nicht ich bestimme, wann was gemacht wird, wie kann ich dann wissen, dass es gemacht wird?

Das ist genau der Punkt: Der interne Kontrollfreak dreht damit völlig durch und ist überzeugt, wenn er nicht schaut, dann tue ich nie mehr irgendetwas.

Was aber eigentlich nicht weiter schlimm ist und absolut nicht wahr. Die Quarantäne hat mir den perfekten Boden gegeben, diesen Kontrollfreak einfach *töibelen* zu lassen. *Aso* eigentlich war es das Retreat vor der Quarantäne, in dem ich mich tagelang einfach in die Stille verfliessen lassen durfte und so wieder neu entdeckte: Ah ja stimmt, ich als Person kann die Fäden nicht zusammenhalten. Hab gar nicht so viel zu sagen, wie ich *amel* meine. Wie entspannend und befreiend.

Und weiter darauf zu vertrauen, dass der Moment / das Leben selbst / die Quelle / die Stille sich kümmert. Nicht dann, wenn ich finde, es wäre jetzt dann aber schon mal Zeit (glaubt mir, am Freitag hatte ich grosse Zweifel daran, dass überhaupt noch etwas geschehen wird …). Es ist ein Mysterium. Aber ich kann darauf vertrauen, kann den *Töibeli* ignorieren und erfahre jedes Mal wieder von Neuem und sehr zuverlässig: *Shit gets done.* Am Samstag und Sonntag passierte Arbeit einfach. Schon fast magisch. Und so viel besser, als ich es mir hätte vorstellen können. Vertrauen kann ich am einfachsten Üben, wenn ich mich auf den Boden lege. Super simpel.

4. Allein sein

Wer unseren Podcast ab und zu hört, weiss, dass die Welt für mich ungetrennt ist. Alles, was ist, ist eins. Und ich mein das nicht als abstrakte Idee oder Konzept oder sowas, sondern als direkt erlebtes Gefühl im Körper. Wenn ich also schreibe «allein sein», dann heisst das eigentlich «mit allem, was ist, sein». So, dass ich auf dem Sofa sitze und mit dem Regen draussen, mit den Bäumen vor dem Haus, ja sogar mit dem See unten in der Stadt zusammen sein kann wie mit Freundinnen und Freunden. Das mag befremdlich klingen, ist aber ganz simpel. Das, was aus deinen Augen schaut, das, was die Töne um dich herum hört, ist dasselbe in jedem andern Menschen, Lebewesen, Ding. Die Aufmerksamkeit oder das Bewusstsein selbst. Das letztlich ungetrennt ist von der Stille, der Quelle. Regelmässige Meditation hilft dabei, das selber direkt zu entdecken.

Und natürlich lohnt es sich, sich zunächst mit sich selbst anzufreunden.

Sich selbst als grossartiger Freund zu entdecken. Wie das geht? Zum Beispiel, indem man sich in Selbstliebe oder Selbstsorge übt. All das erlaubt auch, sich selber richtig gut kennenzulernen und zu merken, wie dieser Körper, dieser Avatar tickt. In welchem Rhythmus sozusagen.

5. Freude

Ja, auch das war ein grosser Teil meiner Quarantäne. Die Freude daran, einfach zu sein. Mit dem Moment. Mit den *Büsis*. Mit mir. Mit allem. Jeden Tag Yoga zu üben, in welcher Form auch immer. Jeden Tag lange in der Stille zu sitzen.

Dann aber auch die Freude, wieder rausgehen zu dürfen. In den Wald, die farbigen Blätter zu sehen, die Luft zu riechen, die Menschen zu hören, selber einzukaufen. So viel Leben! Die Freude, wieder an einem anderen Ort arbeiten zu gehen, wieder direkt mit Leuten zusammen zu sein. So viel Freude!

Klar, es ist nicht immer nur einfach mit all diesen Unsicherheiten umzugehen. Doch was uns dieser Virus sehr deutlich vor Augen führt, ist immer wahr: Wir haben letztlich keine Kontrolle. Bloss weil etwas war, wie es war, heisst das nicht, dass es so bleibt. Es heisst auch nicht, dass wir ein Recht darauf haben, dass es so bleibt.

Echli weniger Hybris und mehr Demut, das täte uns gut in dieser egomanischen Kultur. Was nicht heisst, dass wir willenlose, schwebende und dümmlich lächelnde Dinge werden, die immer «in der Ruhe bleiben». Doch das ist ein *haha!* anderes Thema. Für jetzt ist es genug zu sagen: Ja, zehn Tage allein *dihei* zu sein, mag zunächst Angst machen. Doch wenn du dich *wüki* darauf einlässt und die Zeit nicht künstlich mit Zeug füllst, kann das eine der erfüllendsten Erfahrungen *ever* sein.

ZURÜCK AUF FELD 1?

| Stephan Jütte | 3. November 2020 |

Alles zurück auf Feld 1? Stehen wir wieder am selben Punkt wie Ende März? Nein, nicht ganz. Und beruhigend ist das nicht.

Ende März ist eine Welle der Hilfsbereitschaft ausgebrochen. Für ein paar Wochen waren wir alle solidarisch miteinander. Oder gaben uns wenigstens Mühe, so zu tun. Es war ein Schock und wir erkannten den Ernst der Lage.

«Nur mühsam»

Heute ist es nur noch mühsam. Sitzungen finden virtuell statt, Tagungen, Konzerte, Geburtstagsfeiern werden abgesagt. «Habe ich meine Maske dabei?» Und für viele bedeutet das, was von meinem Homeoffice aus sich «nur mühsam» anfühlt, eine zweite existenzielle Bedrohung in nur einem Jahr: Für die Menschen ohne Obdach, für Gastrounternehmer:innen, Leute aus der Reisebranche, Sexarbeiter:innen. Andere, etwa aus dem Pflegebereich, sehen intensiven Zeiten entgegen. Von ihnen wird wiederum viel Flexibilität und Durchhaltevermögen erfordert. Unserem Applaus trauen sie aber nicht mehr.

Und dann gibt es die vielen Menschen irgendwo dazwischen. Ich zum Beispiel. Wir sind erschöpft und müssen ständig Entscheidungen treffen: Darf mein Kind seinen Geburtstag mit Gästen feiern? Ist es gerechtfertigt, dass ich zweimal wöchentlich doch ins Büro fahre? Soll ich meine Eltern noch besuchen? Findet unser Urlaub statt? Halten wir unsere Reservation im Restaurant aufrecht?

Nicht dafür gemacht

Niemand hat uns verboten zu arbeiten. Also geben wir unser Bestes. Soweit wir es verantworten können. Und sind dankbar, dass wir keine Kurzarbeit beantragen mussten, dass unsere Jobs sicher sind. Aber im vollen Zugabteil fühlt sich gar nichts sicher an. Und im Büro haben alle ihre Unbeschwertheit verloren. Und es graut einen vor Meetings mit vielen Menschen. Aber es kostet Kraft, sie abzusagen oder darum zu bitten, eine Zoom-Lösung zu finden.

Ich merke es: Dafür bin ich nicht gemacht. Ich kann leicht mit weitreichenden Beschränkungen umgehen. Gerne halte ich mich an die Maskenpflicht. Ich muss auch nicht jede Quarantäneregel und die kantonalen Umsetzungen derselben nachvollziehen können. Ich möchte nur nicht alles selber entscheiden. Dabei entscheide ich sonst gerne. Ich bin kein hadernder Mensch. Aber jetzt entscheiden, bedeutet ständig «Kopf gegen Gewohnheit» spielen. Der Kopf sagt: «Nein, dein Job ist nicht systemrelevant. Bleib zu Hause und arbeite von da aus.» Die Gewohnheit sagt: «Jetzt hab dich nicht so. Du weisst nicht, wie lange du überhaupt noch ins Büro fahren darfst!» Und wie lieb mir meine Gewohnheiten sind, spüre ich immer deutlicher.

Eher fügsam

Es mag sein, dass die Kosten für den «Nichtganznochnicht-Lockdown» wirtschaftlich geringer sind. Seelisch finde ich sie sehr hoch. «*Stay the fuck at home!*» war nicht freundlich. Aber ich wusste, was sozial akzeptiert und geboten ist. Jetzt riskiere ich meine und die Gesundheit anderer «freiwillig». Aber ich komme mir weder frei noch besonders willig vor. Eher fügsam gegenüber einer Macht, die sich durch Unausgesprochenes und in der Unklarheit formiert.

Zu dieser Macht gehört auch, dass wir uns kaum noch getrauen, uns zu beklagen. Wir tun es trotzdem. Aber wir ergänzen immer: «Ich weiss, andere haben es jetzt viel schlechter als ich.» Das ist aber nicht eine dankbare Einsicht. Sondern eher die Haltung eines gemassregelten Kinds, das sein Essen nicht mag und dem man dann Hungerbäuche zeigt, bis es mit noch weniger Appetit und viel schlechtem Gewissen aufisst. Aber man darf sein Essen nicht mögen, auch wenn andere verhungern. Und man darf unter dieser lähmenden Coronawolke leiden, auch wenn andere ersticken.

Hingabe

Freilich, es wäre grossartig, wenn wir durch diese Klage hindurch lernen könnten, unsere Prioritäten besser zu setzen. Für das einstehen würden, was wir richtig finden und nicht nur fragen, wie man das jetzt macht. Wenn wir auf

Reisen verzichten, Projekte streichen und uns an das anpassen, was unsere neue Wirklichkeit von uns fordert. Aber ich hoffe nicht, dass unsere ganze Coronastrategie darauf setzt. Denn die meisten sind – wie ich – eher fügsam.

In schwierigen, unübersichtlichen Situationen denke ich gerne an das Gelassenheitsgebet von Reinhold Niebuhr:

«Gott, gib mir die Gelassenheit, Dinge hinzunehmen, die ich nicht ändern kann, den Mut, Dinge zu ändern, die ich ändern kann, und die Weisheit, das eine vom anderen zu unterscheiden.»

Es weist mir einen Weg zwischen Fügsamkeit und Aufruhr mitten durch die Hingabe, an das, was ist. An das, was ich hinnehmen muss. Und in das hinein, was ich von dort aus ändern kann. So gesehen liegt für mich in strengeren Bestimmungen auch eine Freiheit. Nämlich die Freiheit von (zu) vielen Entscheidungen, zu vielen Dingen, die ich ändern kann. Es wäre weise, wenn wir diese Freiheit wählten.

holt uns gerade wieder ein mit Zertifikatspflicht!

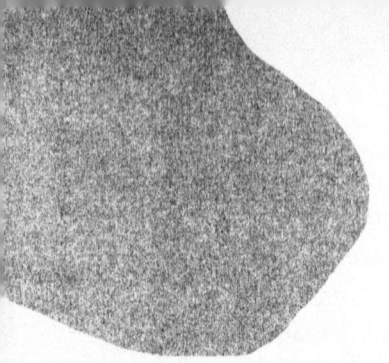

Sehr anziehendes Bild, diese spirituellen Lagerfeuer!
Dazu passen wandernde Geschichtenerzählerinnen,
Weitgereiste mit und ohne Pass, Pilger und Suchende
jeglicher Herkunft, auch Menschen, die wegen persönli-
chen Erfahrungen nie mehr einen Fuss über die
Schwelle einer Kirche setzen werden. Am Lagerfeuer
bleibt die Hälfte jeder Person unsichtbar im Schatten,
egal wie viel Brennmaterial die Umsitzenden nachlegen.
Die Verbindung entsteht durch den Schein des Feuers –
und sie ist offen und einladend. Es hat immer Platz für
einen Menschen mehr. Natürlich dürfen auch lokale
Kirchen ihre Türen weit aufmachen, davor ein digitales
oder analoges Feuer anzünden und erwarten, was da
Wunderbares passieren könnte. | SIMON PFEIFFER |

DER UNTERGANG NAHT! ZEIT FÜR FREIGESPIELTE HOFFNUNG

| Kirstine Fratz | 6. November 2020 |

Der Zeitgeist als inspirierende Liebhaberin des Lebens, die unsere Untergangserstarrung heilsam in kreative Hoffnung verwandelt.

«Alles, was in die Welt kommt, geht irgendwann auch wieder aus ihr heraus.»

So brachte es der englische Historiker Theodore Zeldin einmal auf den Punkt, nach Jahren der Erforschung von Werden, Sein und Vergehen in der Geschichte.

So wie alles seine Zeit im Leben hat, scheint auch alles seine Zeit in der Kultur zu haben. Irgendwann ist es an der Zeit, weiterzuziehen, dem Prozess der Entwicklung zu vertrauen, um zu wachsen und zu reifen. Diese Entwicklungsgrosszügigkeit haben wir allerdings im besten Fall für unseren eigenen Weg und vielleicht noch für die Menschen, die wir lieben. Aber selten trifft man diese Geisteshaltung an, wenn es um die Dynamik unserer Kultur geht.

Es macht uns erhebliche Mühe zu überblicken, dass auch die grossen Zusammenhänge sich immerwährend in einem Prozess befinden. Dass sie miteinander ringen um Bewahren, Ausprobieren, Scheitern, Neumachen und Heilmachen, im Sinne eines kollektiven Wachsens und Reifens.

Pessimistische und schöpferische Intelligenz

Angst und Ungeduld plagen uns bei der Betrachtung der Welt, der es nie an Krisen zu mangeln scheint. Die Sorgen verdrängen die Zuversicht, und unser Meinungswinkel wird zu einem sehr kleinen Fenster nach draussen. Man übertrifft sich im kritischen Denken, das immer wieder zu dem Ergebnis führt: «Der Untergang naht!» Mir kommt es manchmal so vor, als gehöre diese Aussage zum wichtigsten Ausdruck unserer derzeitigen, kulturellen Intelligenz.

In endlosen Debatten und Artikeln besingen wir dieses, auf «Faktenlage» basierende Ende. Unser Wunsch nach Urteilsvermögen überschlägt sich dann in eine Kritiksucht, die uns den Blick verstellt, mit dem wir erkennen könnten, was bereit ist, die Welt zu verlassen, und was bereit ist, in sie hinein zu kommen.

Wie oft waren Menschen schon davon überzeugt, dass das Ende naht? Wie oft haben aber auch Menschen dieser pessimistischen Intelligenz widerstanden und sich der schöpferischen Intelligenz zugewandt, um Ideen zu entwickeln, wie es weitergeht.

Wenn die Sehnsucht nach Lebendigkeit erwacht

Ist es nicht eigentlich vermessen zu behaupten, dass alles schon klar ist, und damit zu verneinen, dass noch so viel Erkennen, Erfinden und Wissen vor uns liegt?

Nur weil wir uns eine Zukunft ohne das Bekannte nicht vorstellen können, soll das heissen, dass sie nicht stattfindet?

Keine Überzeugung, keine Meinung, keine Zeit ist hier, um für immer so zu bleiben, wie sie ist. Die Macht eines jeden Systems, jeder Konstruktion, jeder Weltanschauung erschöpft sich mit der Zeit und weicht der Lebendigkeit des Neuen.

Genau dieser Lebendigkeit gilt unsere tiefe Sehnsucht. Wenn sie erwacht, hören wir auf, vernünftig zu sein im Sinne der aktuellen Ordnung. Dann regt sich in uns der Schöpfergeist. Wir werden erfinderisch, experimentell, denken neu und handeln anders. Dann geben wir unserer Kultur eine neue Richtung, in der Hoffnung, dass sie so schöner, heilsamer und lebendiger wird. Wir schreiben Bücher, drehen Filme, machen uns neue Gedanken über die Arbeit, den Konsum, die Identität, das Zusammenleben. Wir geben unserer Sehnsucht Ausdruck, wir manifestieren sie in Ideen, Konzepten, Produkten und Dienstleistungen. Wir geben ihr ein neues Zuhause und laden sie so ein in unsere Kultur.

So spielerisch kommt das Neue in die Welt
Wenn die Sehnsucht nach Lebendigkeit kollektiv erwacht, sind wir bereit für neue Perspektiven auf das Leben.

Wir überlegen, ob die bestehenden Systeme, althergebrachten Glaubenssätze und festgefahrenen Entweder-oder-Dualismen noch dem Leben dienen, und was es braucht für den nächsten Schritt in Richtung gesunde Zukunft.

Auf diese Art lassen wir – freiwillig und unfreiwillig – viele heilsame Impulse in unsere Welt. Und die gehen dann fast unmerklich in eine kulturelle Selbstverständlichkeit über.

Dann sind wir wieder ein kleines Stück weiterkommen mit unserem Bewusstsein, unseren Werten und unserer Liebe. Oder denken Sie etwa noch darüber nach, ob es gut ist, Kinder zu schlagen, nicht auf seine Gesundheit zu achten oder Frauen weniger Rechte als Männern einzuräumen? Glauben Sie immer noch, dass ein bedingungsloses Grundeinkommen eine verwegene Idee ist und Konsum Sie glücklich macht? Nun, solches und noch vieles mehr waren mal Prinzipien unserer Kultur, die man in seine Wahrheit eingebaut hatte. Bis der Sehnsucht nach Lebendigkeit diese Überzeugungen verdächtig wurden, das Unvorstellbare auf einmal vorstellbar war und eine neue Zeit anbrach.

Der Zeitgeist – grenzenlose Ideen gegen den Untergang
Für diesen Kultur-Prozess braucht es Entwicklungsgrosszügigkeit, denn wir sind keine Expertinnen und Experten im Richtigmachen. Wir stolpern und tasten uns voran in die Zukunft, meinen es gut, übertreiben, instrumentalisieren, werden gierig, traurig und erkennen von Neuem. Bei der ganzen Dynamik sind wir darauf angewiesen, inspiriert zu werden, damit unsere Schöpferkraft kontinuierlich aktiviert wird, wir Ideen empfangen und erkennen, was gehen muss und was kommen will.

So lernen wir und unsere Kultur Stück für Stück, von Zeit zu Zeit mehr, wie Leben geht, immer wieder lebendig und neu.

Dass wir diese Inspiration immer wieder erhalten, ist eine Gewissheit für Hoffnung. Es gibt einen Geist, der für diese Gewissheit sorgt. Seine Ideen, den Untergang abzuwenden, sind grenzenlos. Er ist einer der kreativsten und mächtigsten Geister unserer Kultur: eine Art «evolutionäre Intelligenz», welche die Macht hat, uns neue, heilsame Perspektiven auf das Leben zu schenken, und uns damit beisteht, unsere Kultur weiter zu entwickeln.

Der Zeitgeist lässt uns nicht untergehen in der Starre von Systemen, Glaubenssätzen und Fantasielosigkeit. Die Impulsfülle des Zeitgeists, sein Gefühl für uns und unsere Sehnsucht, dienen unserer Inspiration und erinnern uns an unsere eigene schöpferische Grenzenlosigkeit.

Zeitgeistvertrauen – im Bunde mit einem Mentor für Visionen

Gelebter Pessimismus inspiriert nicht, denn er ist – nicht nur den Worten nach – ein Widerspruch in sich.

Kollektiv zelebrierter Pessimismus ist kulturelle Nekrophilie, die Lebendigkeit abtötet.

Sie nimmt uns das Vertrauen in unsere Kreativität, in unser Hochangebundensein an Geist und Erkenntnis und unsere Fähigkeit, diese zu manifestieren. Mit unserem schöpferischen Geist in Verbindung mit Zeitgeist können wir einen Auftrag für tieferen Sinn und gesündere Sinnlichkeit erfüllen, indem wir neu denken, umdenken, anders denken.

Gerade wenn wir ausser Atem kommen mit dem, wie es war, ist Zeitgeist ein Mentor für Visionen, ein Verbündeter für die Hoffnung auf eine neue Zeitqualität.

Verliebt in das Leben und neugierig auf Heilung

Ein so verstandener Zeitgeist setzt immer wieder Zeichen für neue kulturelle Heilpotenziale. Die Zeitgeistforschung befasst sich mit genau diesen heilenden Kräften und Wirkungen, die sich anbieten, durch uns in unserer Kultur aufzublühen.

Zeitgeistforschung ist in diesem Sinn Kulturheilkunde. Denn wer im Zeitgeist nach dem Geist der Lebendigkeit Ausschau hält und beschliesst, kurz mal mehr zu staunen als zu bewerten, entdeckt die ernsthaft spielerische Hoffnung für Heilung und Wachstum. Der erkennt, dass die Weisheit des Zeitgeists in das Leben verliebt ist und uns daran erinnert, dass wir alle im Grunde unseres Herzens es auch sind.

Was wäre wenn ...

... die heilsamen Kräfte des Zeitgeists eine spirituelle Dimension haben? Wenn der Zeitgeist in seinem noch unerforschten Tun und Wirken eine bislang unentdeckte Sinnverwandtschaft mit dem Heiligen Geist hat? Was wäre, wenn es Zeit ist, für eine neue Perspektive auf ein hoffnungsvolles Spiel dieser beiden Geister?

Das wichtigste ist, dass es um Gott geht.

| ELISABETH SENFT |

Ich sag's mal etwas zugespitzt:
Die Kirche tröstet nicht.
Aber wo getröstet wird,
da ereignet sich Kirche.

| AUGUST ELSENSOHN |

WENN PROPHETIE SCHEITERT

| Thorsten Dietz | 12. November 2020 |

**Am Glauben festhalten. Alle, die sich so etwas
wünschen, brauchen gerade jetzt einen Glauben gegen
den Augenschein.**

Nirgendwo im Westen ist Politik so religiös geprägt wie in
den USA. Diese spirituelle Dimension ist schon im Normal-
fall aus europäischer Sicht kaum verständlich. Manche Er-
scheinungen im Umfeld der aktuellen Wahl 2020 haben ein
neues Niveau verstörender Religionskultur erreicht. Etwa
die Art und Weise wie die offizielle spirituelle Beraterin
des US-Präsidenten Paula White sich in Trance betet, um
dämonische Mächte an einem Wahlbetrug zu hindern. Die
vielfach im Netz geteilten Filme sind so verstörend, weil sie
das Gefühl untergraben, in derselben Welt zu leben.

Kann man so etwas noch irgendwie nachvollziehen? Ein
wenig schon.

Kognitive Dissonanz und ihre Folgen

«Wenn Prophetie scheitert» – so lautet der Titel eines der
bedeutendsten Klassiker der Sozialpsychologie von Leon
Festinger von 1957. Eine Gruppe junger Psychologen ent-

144

deckte Anfang der Fünfzigerjahre eine Ufo-Sekte, die sich auf den baldigen Weltuntergang vorbereitete. Die Forscher erkannten darin eine einmalige Chance für teilnehmende Beobachtung der besonderen Art: Sie schlossen sich der Gemeinschaft an, um aus nächster Nähe studieren zu können, wie die Gruppe mit dem Scheitern ihrer Weissagung umgehen würde. Dabei gingen Festinger und sein Team von folgender Fragestellung aus: Was passiert mit einem Glauben, dem ein Mensch mit ganzem Herzen anhängt und nach dem er sein Leben ausrichtet, wenn dieser so offensichtlich wie möglich widerlegt wird und die Gläubigen dies gemeinsam in einem dichten sozialen Zusammenhalt erleben?

Festinger hat vor Beginn der Untersuchung eine Hypothese aufgestellt, die auf dem ersten Blick erstaunen mag: Die meisten Mitglieder einer solchen religiöse Gruppe werden ihren Glauben nicht aufgeben, sondern im Gegenteil sich noch intensiver seiner missionarischen Verbreitung widmen. Tatsächlich erwies sich diese Hypothese als richtig.

Der ausgebliebene Weltuntergang führte bei den meisten nicht zu einem Abfall vom Glauben, eher sogar zu einer Steigerung ihrer Missionsbemühungen.

Dissonanzabbau

Warum in aller Welt sind starke Überzeugungen so faktenresistent? Festinger und andere entwickelten aus dieser Beobachtung heraus die Theorie der kognitiven Dissonanz. Menschen lieben das Gefühl der Konsonanz von Denken und Wirklichkeit, Überzeugung und Praxis. Sie brauchen

Stimmigkeit. Darum ertragen sie Dissonanzen so schlecht. Menschen streben nach Dissonanzabbau.

Das kann in unterschiedliche Richtung geschehen. Das Einfachste wäre natürlich, bei einer Diskrepanz von Überzeugung und erfahrbarer Wirklichkeit seine Überzeugungen an die Wirklichkeit anzupassen. Aber bei starken ideologischen Überzeugungen geschieht das nicht. Solche Überzeugungen sind Teil der eigenen Identität geworden. An ihnen festzuhalten, ist nun keine Wahrheitsfrage mehr, sondern eine Charakterfrage. Für die Betroffenen geht es um Treue und Mut. Vor allem gilt: Je mehr man für die eigene Überzeugung geopfert oder gelitten hat, desto stärker hält man sie fest.

Schon Nietzsche sagte: «Die Menschen schätzen ein Ding nach dem Aufwand, den sie um seinetwillen gemacht haben.»

Sehr wesentlich ist aber auch die Gemeinschaft, in die man eingebunden ist. Beim ausgebliebenen Weltuntergang der Ufo-Sekte wandten sich nur diejenigen vom Glauben ab, die den ausgebliebenen Weltuntergang nicht mit den anderen gemeinsam erlebt hatten oder insgesamt nicht so stark in die Gruppe eingebunden waren. Man sollte beim Widerstand radikaler religiöser Gruppen gegen die Coronaregeln mitbedenken, dass die Aufforderung zu physischer Distanzierung etwas für diese Gruppen schlechthin Notwendiges unmöglich macht: gemeinsame Erlebnisse.

Auf Hoffnung hin glauben

Man könnte versucht sein, diesen Mechanismus zu verstehen als Bauplan für fundamentalistische Gemeinschaften:

Verlange möglichst grosse Opfer von deinen Gläubigen und achte darauf, dass sie stets in dichte Gemeinschaft eingebettet sind (Kleingruppen). Gruppen, die sich an diese beiden Faktoren halten, werden mindestens kurz- und mittelfristig deutlich erfolgreicher sein als Gemeinschaften, die eigenständiges Denken fördern.

Aber vielleicht sollte man auch nicht übersehen, dass es in diesem leidenschaftlichen Kampf, am Glauben festzuhalten, auch um etwas geht, was zutiefst menschlich ist. Mehr noch: das wesentlich zum Glauben gehört. Manchmal braucht es Glaube gegen allen Augenschein. Manchmal gibt einem das, was man sieht, keinen Grund zur Hoffnung (Röm 8,24). Manchmal muss man festhalten an Dingen, die «man nicht sieht» (Hebr 11,1) und «wider alle Hoffnung auf Hoffnung hin glauben» (Röm 4,18), im vollen Bewusstsein, dass solche Hoffnung nicht im Schauen gründet, sondern eben im Glauben (2Kor 5,7). Das Ringen um einen solchen Glauben ist alles andere als lächerlich.

Geht es nicht für viele Gläubige heute letztlich auch darum, nur ganz anders: Um das Festhalten an einem prophetischen Glauben, der nicht die Nähe der Mächtigen, sondern der Ohnmächtigen sucht. Der seine Feinde segnet, statt ihren Untergang sehen zu wollen.

Der überhaupt nur da von Feinden redet, wo es um die Liebe zu ihnen geht. Um eine Hoffnung gegen den Augenschein, dass es noch nicht zu spät ist, sich gemeinsam Menschheitsherausforderungen wie der Weltklimakrise zu stellen.

Mögliche Auswege

Man sollte nicht erwarten, dass die Enttäuschung einer tiefen Glaubenshoffnung zu einer grundlegenden Revision dieses Glaubens führen wird. Für Menschen, die ihren religiösen Glauben und die Zustimmung zu Trump beispielsweise eng verzahnt haben, ist das eine Ausnahmezustand. Sie wollen an ihrem Glauben unbedingt festhalten. Dies kann ihnen aber nur gelingen, wenn sie ihren Glauben wenigstens teilweise weiterentwickeln. Sie müssen es schaffen, eine neue Gestalt ihres Glaubens zu finden, ohne das Gefühl zu haben, ihrem Glauben untreu geworden zu sein.

Natürlich kann es passieren, dass Einzelne das nicht schaffen und ganz aussteigen. In den letzten Jahren sind nicht wenige Menschen, die mit einer solchen Frömmigkeit gross wurden, ausgestiegen; und zwar sehr häufig dann, wenn sie aus Gründen des Studiums bzw. der Arbeit umziehen mussten und Abstand gewannen gegenüber der bisherigen sozialen Einbindung in solche Überzeugungsgemeinschaften. Nicht selten verlassen sie dann nicht nur eine solche Prägung, sondern jede Form organisierter Religion. Aber höchst wahrscheinlich wird das die Ausnahme bleiben.

Man sollte nicht unterschätzen, wie flexibel sich Glaubenshaltungen auch in streng religiösen Bewegungen entwickeln können. Eines der berühmtesten Beispiele sind die Zeugen Jehovas, die in ihrer Geschichte immer wieder die Wiederkunft Jesu für ganz bestimmte Jahre vorhersagten (1878, 1881, 1914, 1918, 1925 und 1975); und es jedes Mal schafften, am Scheitern dieser Weissagung nicht zu zerbrechen. Es gelang ihnen, ihre Geschichte weiterzuerzählen, beispielsweise mit der Deutung, dass Jesus tatsächlich seine Herrschaft angetreten habe, aber unsichtbar im Himmel.

Jetzt schon kann man bei weniger extremen religiösen Trump-Anhänger:innen eine Veränderung beobachten: Sie setzen sich dafür ein, künftig den Stellenwert des Politischen nicht so stark zu betonen. In gemässigt evangelikalen Kreisen, wie sie von der Zeitschrift *Christianity Today* repräsentiert wird, kann man beobachten, dass man zwar nicht mit den bisherigen Überzeugungen brechen möchte, aber künftig mehr missionarisch als politisch in die Öffentlichkeit wirken will.

Natürlich wäre es wünschenswert, dass solche Kreise nicht nur den Stellenwert des Politischen, sondern das eigene Verständnis von Politik infrage stellen würden. Dass sie Politik nicht als Ort des Machtkampfs verstehen, sondern als Raum, in dem um das Gute mit anderen und für andere gestritten wird. Aber angesichts der apokalyptischen Weltsicht und dem tiefsitzenden Ressentiment gegen alles Progressive, ist im Moment keine Massenbewegung in diese Richtung zu erwarten.

Und da sind wir wieder beim Thema: Am Glauben festhalten. Alle, die sich so etwas wünschen, brauchen gerade jetzt einen Glauben gegen den Augenschein und die Hoffnung auf das, was man nicht sieht. Ohne Trance. Mit Liebe und Geduld.

In dieser kirchearmen Zeit habe ich, über 80-jährig, mal tastende Schritte ins RefLab versucht. Diese Form ist mir natürlich fremd und wird es wohl auch noch bleiben. Aber der Beitrag über Verschwörungstheorien war für mich ein Volltreffer, auf so etwas hatte ich gewartet und warte gern auf mehr. Hilfreich und ermutigend, danke vielmal. | SABINE STECK |

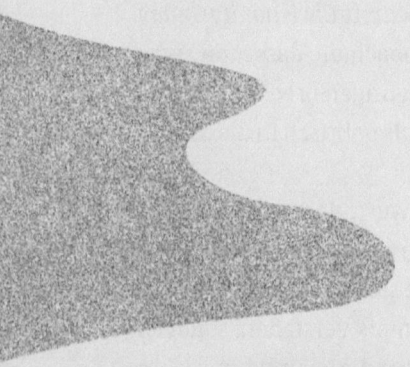

Yep wir sind in der Isolation angekommen. Begleiten der Familienangehörige (Eltern / Kinder) telefonisch, brieflich, per Mail oder am Arbeitsplatz. Menschen mit Beeinträchtigung hinter geschlossener Eingangstür und Masken ... Ja und selbst – tut mir Reflab ganz einfach gut!:-))) | ANITA OCHSNER |

CORONAELEGIE

| Luca Zacchei | 15. Dezember 2020 |

Mein Lachen wird von der Maske gedämpft.
Die Realität hat mich eingeholt, ich hinke ihr sogar
nach, als würde ich nicht ganz in meinem Körper
verweilen.

Ich sass kürzlich auf einem gemütlichen Coiffeurstuhl und
schaute mein Spiegelbild an. Ich war mir fremd, gut konser-
viert unter der Stoffmaske. Die Schere des Coiffeurs gab den
Takt an. Sie arbeitete in der Nähe meiner Maske und ich be-
fürchtete kurz, dass sie das Maskenband durchschneiden
könnte. Vulnerabel wie ein Kleinkind, kein Schutzschild,
virenanfällig und nackt.

Wieso würde ich mich nackt fühlen, wenn ich keine
Stoffmaske tragen würde? Ist die Maskierung das neue
«Normal»?

Eigentlich sollte dieser Schutz gleichzeitig dem Coiffeur
und den anwesenden Kunden gelten. Ich dachte aber mal
wieder nur an mich. Toilettenpapier habe ich jedoch nie
gehamstert. Auf dem Balkon geklatscht auch nicht.

Wenn mir jemand vor einem Jahr gesagt hätte: «Der
Schweizer Staat wird dir im öffentlichen Raum eine Maske
und ein Singverbot auferlegen», dann hätte ich laut heraus-

gelacht. Jetzt wird mein Lachen von der Maske gedämpft. Die Realität hat mich eingeholt, ich hinke ihr sogar nach, als würde ich nicht ganz in meinem Körper verweilen. Ein aseptischer Körper, mehrmals täglich gewaschene Hände, desinfizierte Finger, geschützte Mundpartie und ungeküsste Wangen. Gesünder und kränker gleichzeitig.

Wenn möglich vermeide ich den ÖV. Aber es geht nicht immer. Die Passagiere in der Tram sitzen ordentlich mit dem notwendigen Abstand zum Nachbar. Als würde uns diese Sitzordnung ein bisschen Sicherheit zurückgeben. Die Einplatzregel setzt sich hier ungewollt durch, mein Rucksack auf dem Nebensitz deponiert, meine Augen auf dem Smartphone. Trotzdem zucke ich leicht auf, wenn jemand hüstelt – im Winter notabene. Und ich unterdrücke den Husten, damit meine eigene Tramfahrtauglichkeit nicht hinterfragt wird.

Soll ich auf dem Halteknopf drücken oder abwarten, bis es jemand für mich tut? Die Türen in den neuen Trams gehen automatisch auf. Was für ein Glück ... Die Luft draussen ist frischer, die Maske ziehe ich sofort ab, selbst dann, wenn es an der Tramhaltestelle eine Menschenansammlung gibt. Schütze ich mich und andere mit der Maske, nur weil es mir auferlegt wird? Wieso sollte die Luft da draussen reiner sein? Ich atme trotzdem tief ein.

Meine Füsse führen mich schrittweise zur tollen Aussicht der Polyterrasse bei der ETH Zürich. Wie nichtig meine Probleme hier sind. Frühmorgens ist die Stadt Zürich in Nebel eingepackt. Nicht aber heute. Die Sonne hat bereits die Nebeldecke durchbrochen, einzelne negative Ge danken lösen sich auf. Ich muss eigentlich auf sehr wenig verzichten. Dass ich seit einiger Zeit nicht mehr Fussball spielen und mich nicht mit mehr so oft mit Familienangehörigen und Freunden treffen kann, hat wahrscheinlich den grössten Einfluss auf Körper und Gemüt. Klagen auf hohem Niveau ...

Und trotzdem: An die Masken werde ich mich nicht gewöhnen. Ich will es wahrscheinlich auch nicht. Das ist mein Versuch, ein Stück Normalität beizubehalten.

Die Masken sollen ein Fremdkörper bleiben, ein Sicherheits-Gadget für eine aussergewöhnliche Zeit.

Ich sass kürzlich auf einem gemütlichen Coiffeurstuhl und schaute dem maskierten Fremden im Spiegelbild zu. Das war nicht ich. Das war nur ein Abbild einer diffusen Angst, die ich hoffentlich bald ablegen kann.

Gebet ist für mich unter anderem auch, wenn ich am Morgen aus dem Fenster schaue, das erste was ich immer tue, wie ein Rufen, wenn ich den Himmel die Berge anschauen kann und alles, was da sich mir zeigt, vielleicht höre ich Vögel pfeifen. Hier ist der neue Tag! :-) Wenn ich nach Regentagen wie diesen durch den Wald schweife und Buschwindröschen und Leberblüemli ihre Blütenköpfe beim kleinsten Sonnenlicht öffnen. Schauen ... Staunen ... Da denk ich an Schöpfung Gott, rieche die feuchte Erde, Efeu, Moos, die nassen Rinden an den Bäumen, eine Berührung. Wie könnte ich leben ohne dieses? Wenn ich an der Bettkannte den Tag Revue passieren lassen kann, das Schauen, was mich beschwerte, schwierig war, und was mich freute. Und dann beides in «die Hand Gottes übergeben». Loslassen auch das Gute, da kann ich mich auch schon mal richtig befreit fühlen ... | ANITA OCHSNER |

HEIMAT BEIM OBDACHLOSEN GOTT

| Thorsten Dietz | 18. Dezember 2020 |

Vielleicht spricht es sich rum: Dieses Weihnachten ist ein Fest für die Unangepassten und für die Unpassenden.

Endlich wahre Weihnachten?! So mancher wird in den letzten Jahren die Klage gehört oder selbst angestimmt haben: Was ist nur aus Weihnachten geworden? Wie konnte aus dem Fest der Besinnlichkeit ein solcher Rausch der Betriebsamkeit werden? Das sind doch keine richtigen Weihnachten mehr! Alles ist viel zu voll. Die Innenstädte und ihre Kaufhäuser! Und erst die Weihnachtsmärkte! Ja selbst die Kirchen. Alles ist zu viel. Zu viel Konsum! Zu viel Kitsch und zu viel Stress. Die wahre Botschaft von Weihnachten geht in diesem Trubel verloren. Das sind doch keine wahren Weihnachten mehr, wenn die klassischen Weihnachtslieder selbst im Fahrstuhl noch zur Dauerberieselung missbraucht werden. Gott sei Dank wird es endlich wieder etwas ruhiger, wenn die stillen Tage vorbei sind ...

Für alle, die in den letzten Jahren heimlich oder laut so sprachen, muss die Weihnacht 2020 ein einmaliges Erlebnis sein. Weder Geschenkewahn noch Besuchsstress.

Kein *driving home for christmas* in Schrittgeschwindig-
keit durch endlose Staus. Kein Wutausbruch, weil man an
einem Tag zum siebten Mal *Last Christmas* hört. Endlich
alles zurück auf Werkseinstellung. Weihnachten ist wieder
frei. *Free at last!* Konsum, Kitsch und Kokolores lösen sich
auf. Übrig bleibt: Weihnachten pur. *Back to the roots.* Jetzt
ergibt «Stille Nacht» endlich wieder Sinn! Wenn man es
singen dürfte. Werden wir den Frieden auf Erden, den die
Engel verheissen, endlich im Herzen spüren können?

Der eine oder die andere vielleicht schon. Aber insgesamt bin ich skeptisch. Viele werden die Erfahrung machen, zum ersten Mal seit Langem, wenn nicht überhaupt
ein Weihnachtsfest zu feiern, ohne getragen zu sein in
einer mitfeiernden Festgemeinschaft. Ohne Kindern beim
Krippenspiel zuzusehen, denen man stehend applaudiert.
Am 24. Dezember gibt es Musik aus der Dose, ohne den
Schall der Posaune, das Rauschen der Orgel und den Klang
der Chöre.

Ja, jetzt ist Zeit für das Eigentliche! Nur: Was war das
gleich?

Gott wird Mensch

Was ist Weihnachten? Was ist denn die Substanz, das, was
bleibt, wenn alles andere unverantwortlich, unmöglich
oder unerfreulich geworden ist? Traditionelles Brauch-
tum? Ein Fest der Familie? Ein hohes Kulturgut? Ja, alles
das. Und irgendwie mehr. Was war das nur? Eine Art Echo.
Eine Antwort auf ein Ereignis in unserer Welt und vor unserer Zeitrechnung. Aber was ist da geschehen? Die Geburt

eines Religionsstifters? Aber ist es das, was viele berührt? Am Ende bleibt wohl diese Auskunft: Weihnachten handelt von der Menschwerdung Gottes. Gott wurde Mensch. So einfach, so klar. So unklar.

«Bitte was?», mag mancher denken. Ein Gott? Als Mensch? Was soll das bedeuten? Schon unter Gott können sich viele nicht mehr viel vorstellen. Und nun zugleich ein Mensch. Ist das nicht widersinnig? Nun muss an dieser Stelle nicht erinnert werden an die vielen Versuche, diese geheimnisvolle Formulierung aufzuschlüsseln. Jahrhunderte lang diskutierten Gläubige darüber. Alle Versuche, es irgendwie zu erklären, betonten die Gottheit auf Kosten der Menschheit oder die Menschheit auf Kosten der Gottheit. Oder sie behaupteten einfach beides und kümmerten sich nicht drum, was mit Gott oder was mit Mensch gemeint ist.

Die Weisesten haben damals wie heute betont: Das ist es ja. Die Formel von der Menschwerdung Gottes sprengt unsere Begriffe. Dieses Ereignis passt nicht hinein in unsere Kategorien. Die Wörter fangen an zu zittern, wenn man sie so zusammenstellt. Wir kriegen es nicht in den Griff. Es bleibt ein Geheimnis, es ist etwas, was wir feiern, ehrfürchtig verehren, anbeten.

Es passt, dass nichts passt

Aber bitte – was machen wir heute mit diesen Geschichten: Eine Hochschwangere findet keinen Raum in der Herberge. Gott erscheint im Fleisch – als Säugling? Der grösste Schatz erscheint in bitterer Armut. Engel dienen Hirten –

mit einem Konzert. Mächtige knien vor den Ohnmächtigen. Das alles passt nicht hinein in unsere Welt, zu unseren Erwartungen und Erfahrungen. Alles ist zu klein oder zu bombastisch.

Die Engel passen nicht zu den Hirten. Die Hirten passen nicht zum Kind. So ein Kind gehört doch nicht in eine Krippe. Es ist alles so unpassend.

So unpassend wie, sagen wir, der Besuch von orientalischen Magiern bei einer jüdischen Familie. Oder Gold, Weihrauch und Myrrhe als Geschenke für ein Neugeborenes. So was ginge ja auch nicht.

Vielleicht ist das die Pointe. Die heilige Familie findet keinen Raum in der Herberge.

Weihnachten ist das Fest für alle, die nirgendwo richtig hineingehören. Die in diese Welt genauso wenig hineinpassen wie Corona in unseren Alltag.

Diese Geschichte passt nicht in unser Leben. Aber vielleicht passt unser Leben in diese Geschichte. Vielleicht finden wir in dieser Geschichte der Heimatlosen eine Art Heimat. Vielleicht ist es das, was viele unterschwellig geahnt, gespürt, gehofft haben, wenn sie einmal im Jahr die Kirche betraten?

Aber wie soll man nun so etwas feiern? Jetzt unter diesen Bedingungen? Mit den Grosseltern auf Zoom oder Skype? Mit Gutscheinen statt Geschenken unterm Baum? Sollen wir jetzt etwa mit Worten sagen, was ansonsten eine Umarmung ausdrückt? Das passt doch alles nicht! Doch, vielleicht ist das ganze Unpassende daran gerade jetzt dran. Genau das möchte ich spüren. All das aus der Spur Geratene in diesen Tagen.

Vielleicht spricht es sich ja rum: Dieses Weihnachten ist ein Fest für die Unangepassten und für die Unpassenden.

Für alle, die in keiner Schublade Raum finden und doch in viele davon hineingepresst werden. Ein Fest für die Gebrochenen, denen in diesem Jahr so vieles viel zu viel war. Und so viel anderes zu wenig. Für alle, die zu weinen und zu trauern verlernt haben, weil sie zu viel Grund dazu hatten. Für die, die vom Wege abgekommen sind. Für die Einsamen, nicht zuletzt für diejenigen, die überhaupt nicht allein, aber einsam sind. Für die Erschöpften. Die Unter- und die Überforderten. Für die 2020-Geschädigten, weil sich ihre Lebensgrundlage aufzulösen scheint. Auch für diejenigen, denen es in dieses Jahr besser ging denn je; und die sich fragen, warum das so ist. Für die Wütenden, die allmählich Angst haben, von ihrem Zorn verschlungen zu werden. Und für alle, die zu viele Kämpfe führen mussten und sich ihrer Siege nicht mehr freuen können. Heimat für alle Heimatlosen. Herberge für alle Wandernden.

Let it shine

Ich liebe das alte Lied mit der Zeile «This little light of mine, I'm gonna let it shine.» Das ist unsere Lebensberufung, unser Licht leuchten zu lassen, als Mensch, als Christin oder Christ. Meistens. Manchmal ist es nur noch eine Zumutung. Manchmal will ich nicht strahlen müssen. Nicht mehr leuchten oder irgendetwas darstellen. Nur noch in dem Raum sein, in dem niemand sonst eine Herberge sucht. Weihnachten müssen wir nichts strahlen lassen. Weihnachten strahlt in entwaffnender Wehrlosigkeit. «Darin ist die Liebe Gottes unter uns erschienen, dass Gott seinen einzigen Sohn in die Welt gesandt hat.» (1Joh 4,9), heisst es in der Bibel so bedeutungsschwer. Weihnachten erzählt man sich davon. Von einer Nacht, an der alles unpassend war. Und von diesem Menschenkind, diesem göttlichen Kind.

Schon mal bemerkt: Man schafft es nicht, sich vor einem Säugling zu schämen. Man ist nie falsch angezogen. Man glaubt sich die eigenen Haare schön. Kein Fleck auf dem Hemd irritiert. Wer auf einen Säugling blickt, versteht für diesen Moment den Ausdruck *bodyshaming* nicht mehr so ganz. Man blickt in Augen, in denen noch niemals Schadenfreude gefunkelt hat. Die weder Häme noch Herablassung kennen. Und man möchte nichts anderes mehr sehen, weil dieser Anblick Hoffnung weckt. Zynismus zerfliesst schneller als Kerzenwachs. Für die Verzweiflung ist eine Pausetaste gefunden.

In dieser Nacht scheint alles verkehrt. Und es war wohl noch nie alles so richtig. Werden wir davon etwas erfahren können, in dieser Coronaweihnacht 2020? Vielleicht helfen uns ja die vielen kleinen Momente, wo alles so unpassend erscheint. Weihnachten strahlt hinein. Allen, die sich dafür nicht bereit fühlen. Nicht klug genug, nicht gut genug, nicht schön genug. Es strahlt hinein, das himmlische Kind, das irdische Kind. Und vielleicht lassen wir uns von diesem Lied die Zeile leihen: *Let it shine, let it shine, let it shine!*

Ich glaube trotzdem an Gott. Nicht wegen ihm, sondern wegen mir. | WERNER WEHRLI |

Gemasterte Theologin in London hat sich köstlich amüsiert, etwas ertappt gefühlt aber auch immer wieder zustimmend genickt und die wortgewandt gewaltigen heimeligen schweizer Kuriositäten vor dem inneren Auge gesehen. Danke dafür! | KATRIN FREY |

Die Reformierten können m. E. als Glaubens- UND Zweifelsgemeinschaft am ehesten Vertrauen gewinnen.
| CORINNE DUC |

ABSCHALTLICHT

| Johanna Di Blasi | 20. Dezember 2020 |

Stille Nacht, oder: Warum Walter Benjamin recht behalten hat.

Es ist also wieder grosser Shutdown. In Deutschland haben die Geschäfte dichtgemacht. Eine Woche vor Heiligabend! Restaurants, Cafés und Bars hatten ohnedies längst zwangsgeschlossen. Mit minimalem Vorlauf ist die Regierungsankündigung in die Tat umgesetzt worden. Weil sich die Coronazahlen nicht «erholt» haben. Berlin ist wieder Geisterstadt. London ebenfalls. In der Schweiz sind die Ansteckungsraten zwar schlimmer, aber im deutschen Fernsehen werden Bilder von Menschen übertragen, die durch Städte flanieren und shoppen. Liberalismus à la Suisse. Man will Bürger:innen nicht paternalisieren. Sogar die Schweizer Skigebiete haben geöffnet.

In der deutschen Hauptstadt gibt es nicht einmal Schnee. Für gefühlt fünf Minuten tanzen so etwas wie Flocken in der Luft. Vielleicht ist es auch nur Eisstaub. «Schnee! Vielleicht schneit es», sagt der deutschtürkische Taxifahrer hinter der durchsichtigen Kunststoffwand erwartungsvoll. Im letzten Jahr habe es keinen Schnee gegeben, aber immerhin Weihnachtsmärkte. Er vermisse Schnee und

162

gemütliches Glühweintrinken am Weihnachtsmarkt. Nur auf Weihnachtsmärkten schmecke ihm Glühwein. Es ist fast Mittag und ich bin sein zweiter Fahrgast: An einem Arbeitstag, der um fünf Uhr früh begonnen hat.

Das Geschäft ist tot

«Das Geschäft ist tot», erklärt der Taxifahrer und der Satz bleibt auf der transparenten Sicherheitsscheibe kleben, die den Fahrer- vom Gastbereich abschirmen soll, aber so wenig passgenau sitzt wie unser Mund-Nasen-Schutz. Seine potenziellen Fahrgäste sitzen im Homeoffice, in Quarantäne, in Altersheimen, einige sind tot. Ausserdem fehlen City-Touristen. Knapp 14 Millionen Besucher:innen sind im Jahr 2019 in Berlin gezählt worden. Seit Corona sind es praktisch null.

Ich drücke die Metallspange über meiner Nase zusammen, damit die blauweisse OP-Maske enger sitzt. Augenblickliche Atemnot lässt mich die Nasenflügel gleich wieder aufblasen. Nasen verschaffen sich Raum, ob es einem passt oder nicht. Viele Eltern müssen ihre Kinder wieder zu Hause «betreuen» – oder umgekehrt? Eine wahrscheinlich alleinstehende alte Frau führt ihren Hund an der Leine spazieren – oder umgekehrt? Immerhin wird das Spazierengehen bislang nicht eingeschränkt. Sport, Spaziergänge und Gassigehen gelten als «triftige Gründe» für ausnahmsweise gestattetes Verlassen der Wohnung.

Unsere Wohnungsnachbarin ist in der DDR aufgewachsen. Sie ist Betriebsärztin bei der Post und kann sich derzeit vor Arbeit nicht retten. «Wir testen unsere Paketzusteller rund um die Uhr auf Corona, 24 Stunden lang», sagt sie im Treppenhaus und wackelt mit dem Kopf. «Na ja, da müssen wir jetzt durch, bleibt nichts anderes übrig.» Totaler Ausnahmezustand. Die sonst fast überschwänglich optimistische Dame wirkt ungewöhnlich matt. «Alles, was Freude bereitet, fällt weg. Wenn man wenigstens schwimmen gehen könnte oder in die Sauna», seufzt sie – und ich mit ihr.

Nicht Rumgurken. Maske vor die Rübe.
Corona in der City ist ...

... eine Frau, die nachts vor einem Restaurant bei Graden um den Gefrierpunkt allein im Schein einer Strassenlampe Pizza aus dem Karton isst.

... surreal saubere Luft.

... Plakate mit der Aufschrift: #BERLINGEGENCORONA. NICHT RUMGURKEN. MASKE VOR DIE RÜBE.

... Menschen, die auf der Suche nach Punsch-Verkaufsstellen durch die Stadt irren.

... nach Draussen verlegte Fitnessstudios.

... Eltern, die Kita-Kinder auf der Strasse übergeben müssen, weil Kindergärten mit gelben Flatterbändern gesicherte Sperrzonen sind.

... ein Modeshooting auf der Strasse für Sachen, die wahrscheinlich nie gekauft, nie getragen werden.

... ein Bettler am Strassenrand, der leer ausgeht, weil momentan alle den Eindruck haben, es gehe ihnen nicht so gut.

... eine XXXL-Schlange im grossen Warenhaus am letzten offenen Verkaufstag ausgerechnet in der Papierabteilung. Benötigen alle noch schnell Geschenkpapier für Dinge, die sie über Internetmonopolisten bestellt haben und dann Leuten übergeben, die sie nicht treffen dürfen?

Ich ertappe mich, wie ich traumwandlerisch gewohnte Trampelpfade in der City abschreiten möchte. Raus aus dem Bau und dann wie ein Nagetier im Wald vorbei am Wacholderbusch und der harzig riechenden Kiefer zur Haselstaude. Vielleicht sind da ein paar schöne Nüsse für meine Vorratskammer? Ein neues Irgendwas. Aber nichts da. Konsumpfade führen ins Leere. Und Spaziergänge münden ohne auswärtigen Boxenstopp in den eigenen vier – oder doch etwas mehr – Wänden. Die Zimmerdecke, scheint mir, senkt sich *peu à peu*.

Das Alkoholverbot in der Öffentlichkeit und das Verkaufsverbot für Silvesterfeuerwerk («Böllerverbot») trifft mich persönlich weniger hart. Selbst mit dem verschärften Kontaktverbot kann ich mich arrangieren. Man kann ja Tee trinken und zoomen. Ausgeprägt introvertierte Charaktere wie ich fragen sich ausserdem selbst nach Monaten des *social distancing*, wann endlich die ersehnte Ruhe eintritt und Zeit für entspannte Lektüre.

Stille Nacht

Immerhin sind Berliner Buchhandlungen vom Shutdown ausgenommen. Es ist also ein «harter Shutdown», aber kein knallharter. Buchhandlungen seien «geistige Tankstellen», erklärte Klaus Lederer, Berlins Senator für Kultur und Europa. Dann kann ich mein bestelltes Buch mit literarischen Glossen beim *book seller* in unserer Strasse also doch noch vor dem St. Nimmerleinstag abholen.

Walter Benjamin hat 1921 die These aufgestellt, dass der Kapitalismus nicht nur aus dem Christentum entstanden (Max Weber), sondern selbst zur Religion geworden sei. Kurz vor der Jahreswende 2021 ist das offensichtlich geworden: Aus Sorge um das Weihnachtsgeschäft wurde nur ein sogenannter Shutdown light verhängt, und weil dieser naturgemäss nicht viel brachte, wurde ein harter Lockdown nötig, der nun Weihnachtstreffen auf ein Minimum reduziert und Weihnachtsgottesdienste einschränkt.

Gibt man *shutdown light* bei einem bekannten Online-Übersetzungsdienst ein, spuckt dieser den Neologismus «Abschaltlicht» aus. Ein Licht, das abschaltet. Klingt absurd, und ergibt doch Sinn. Das Fest des Lichts wurde Opfer des Abschaltlichts. Immerhin «dürfen» Christ:innen an Weihnachten 2020 in deutschen Kirchen zusammenkommen und gemeinsam feiern. Allerdings nur mit vorab gebuchten *time slots*. Und ohne Gesang. Statt «Stille Nacht» – stille Nacht. Ergibt auch Sinn.

Als Seelsorgerin, die sich in Covid-19-Zeiten täglich mehrere Stunden bei Betroffenen aufgehalten hat und gemeinsam mit Angehörigen an Sterbebetten gestanden ist, muss ich einfach sagen: Ja, die Kirche ist auch da, um zu trösten, nicht mehr und nicht weniger. Denn wer kann es sonst tun, wenn alle anderen ausgesperrt sind? Die Kirche ist auch da, um ihr Wächteramt wahrzunehmen. Sie hat sich mit ihren Spezialseelsorgenden vehement für die Umsetzung der WHO Richtlinien eingesetzt: Nämlich, dass es möglich sein muss, Abschied zu nehmen von Sterbenden und Verstorbenen. Da hat sie sich zum Teil sehr weit aus dem Fenster gelehnt in den Institutionen. Ich werde den Verdacht nicht los, dass diese Debatte vom öden Homeoffice aus in grosser Unkenntnis geführt wird. | **SUSANNA MEYER KUNZ** |

ES GNÜEGELET, VERDAMMT NOCHMAL

| Evelyne Baumberger | 5. Februar 2021 |

Das vergangene Jahr zehrt an der Seele. Wir halten durch, sind stark. Meistens. Hiermit gebe ich mir selber die Erlaubnis, zwischendurch auch zu verzweifeln.

«Ich kann ja auch mal einen Tag zu dir kommen», sagte meine Freundin am Telefon. «Aber ich weiss halt nicht, wie du es coronamässig so siehst mit Besuchen.» Der Schnee knirscht unter meinen Füssen, die Sonne strahlt, und neben dem Weg, auf dem ich unterwegs bin, ziehen Langläuferinnen ihre Runden. Eine wohltuende Abwechslung. Seit Monaten arbeite ich zu Hause, die Decke fällt mir auf den Kopf und langsam fürchte ich, seltsam zu werden. Paranoid, die Risiken zu hoch einzuschätzen, übervorsichtig zu sein. Ich wäge ab. «Vielleicht könnten wir auch eine Schneeschuhtour machen?»

Das letzte Jahr zehrt an der Seele, und langsam merken es auch Menschen, die bisher mit viel Optimismus und Geduld durch die Coronazeit navigierten. Der Shutdown, Kontaktbeschränkungen und Homeoffice setzen zu. *Es gnüegelet,* schön Schweizerdeutsch, höflicher als *es längt jetzt* («es reicht!»). *Gnüegele* bedeutet, dass etwas zwar nicht ultraschlimm ist, aber endlich ein Ende nehmen sollte.

Wir machen Yoga und trinken Gin Tonics

Nun ist es nicht so, dass wir kein Verständnis für die Massnahmen hätten. Uns ist bewusst, dass wir im Homeoffice in einer privilegierten Situation sind. Und wenn ich «wir» sage, meine ich «ich», aber ich weiss, dass es in meinem Umfeld einigen so geht.

Wir befinden uns weder in einem nassen Zelt auf Lesbos noch in den Slums von Brasilien, und wir teilen fleissig auf Social Media Artikel, die die dortigen Zustände anprangern.

Wir, die stille Masse, sind eigentlich geduldige, vernünftige Menschen. Und anständige. Wir rufen nicht die Polizei, wenn die Nachbarn ganz offensichtlich am Samstagabend zu Hause eine Party feiern und die 5-Personen-Regel brechen, fühlen uns aber dennoch verarscht. Für die wenigen Zug- und Busfahrten haben wir uns FFP2-Masken besorgt, um uns zu schützen, weil wir uns nicht dafür halten, «Maskensünder:innen» zurechtzuweisen. Wir wissen, dass ihnen böse Blicke zuzuwerfen uns selber mehr zusetzt als denen. Und unsere seelische Gesundheit liegt uns am Herzen. Wir machen Yoga und trinken Gin Tonics. Wir foutieren uns nicht einfach um die Massnahmen, sondern wollen annehmen, was nicht zu ändern ist, und diese Zeit seelisch möglichst unbeschadet überstehen.

F* dich, Corona

Doch langsam merken wir, dass auch wir dünnhäutiger werden. Wenn uns Leute dieser Tage Videos vom Thiel schicken, der Maskenträger:innen als Opportunist:innen beschimpft, oder vom Rima, der den Bundesrat kritisiert, haben wir weniger Kraft zur Debatte als auch schon. Wir halten uns ja nicht an die Massnahmen, weil es der Bundesrat so verordnet, sondern weil uns die Appelle der Wissenschafter:innen einleuchten. Auch wir wollen, dass Corona so schnell wie möglich wieder vorbei ist.

Es braucht immer mehr Kraft, uns selbst vom Sinn der Massnahmen zu überzeugen. Von Wert der geretteten Menschenleben im Verhältnis zu dein Einschränkungen für die Millionen Gesunden. Es gibt dieses Meme, in dem eine Frau ein Kind aus dem Wasser hebt, während ein zweites Kind im Vordergrund mit dem Ertrinken kämpft. Wir halten uns abwechslungsweise für das privilegierte Kind am Beckenrand oder für das unbeachtete, nach Luft schnappende.

Gegen aussen geben wir die Hoffnungsvollen, Optimistischen, aber im Stillen fluchen auch wir: «F* dich, Corona.»

Depressionen nehmen zu, ist immer häufiger in den Medien zu lesen. «Coronadepressionen» heisst das in den Überschriften. Und es dämmert uns, dass auch wir Optimist:innen, Demokrat:innen, wir Vernünftigen nicht immun dagegen sind.

Und was, wenn alles nichts gebracht hat?

Es traf einen Nerv, als ich vergangene Woche über einen Bibeltext stolperte, in dem es um Ausdauer ging, um Geduld, und darum, dass diese reich belohnt wird. «Aus Glauben leben» stand da, und ich merkte, wie viel Glauben die aktuelle Situation erfordert. Glauben daran, dass es wieder besser wird. Dass die Impfungen nützen und uns wieder Freiheit geben. Dass der Sommer wieder unbeschwerter wird, normaler, man bald wieder Freund:innen umarmen und Gartenpartys feiern darf.

Der Bibeltext sprach zu den frühen Christ:innen, die wegen ihres Glaubens verfolgt wurden und sehnlichst darauf warteten, dass Jesus wieder auf die Erde kommt und sie ein für alle Mal erlöst. 2000 Jahre danach ist dies immer noch nicht geschehen. Aber Corona ist anders. Hier rechnen wir nicht in Tausenden von Jahren, sondern in Wochen und Monaten. – Wirklich? Leise Zweifel, ja, Verzweiflung schleicht sich ein. Was, wenn daraus Jahre werden? Jahre der «kleinen Welt», in der man nur mit ganz wenigen Menschen nahe und unbeschwert Zeit verbringen kann. Jahre der Sorge um Eltern und Grosseltern. Und wenn sich doch herausstellen sollte, dass das alles nichts gebracht hat? Es braucht schon recht viel Glauben, um durchzuhalten.

Sprachlich liegt das griechische Verb, das Deutsch mit «glauben» übersetzt wird, im Bibeltext näher an «vertrauen». Vertrauen richtet sich an jemanden. Wir, wir vertrauen den Wissenschafter:innen. Wir vertrauen uns selber, dass wir es packen. Aber manchmal merken wir auch, dass wir einbrechen.

Es ist ok

Das ist in Ordnung. Wir müssen nicht immer stark sein. Und

wenn ich «wir» sage, meine ich «ich». Ich muss nicht immer stark sein. Ich gebe mir hiermit die Erlaubnis, auch die Zweifel zu äussern. Mich einsam zu fühlen. Zu weinen, weil ich meinen Freundeskreis vermisse, unbeschwerte Spieleabende, Gespräche in lauten Bars, mit den Gesichtern nahe beisammen. Es ist ok, Angst zu haben, dass die Vorsicht mich seltsam macht und auffrisst.

Es ist ok, in einem Zoom-Feierabendbier oder einem Spaziergang mit Takeout-*Kafi* auf die Frage, wie es mir geht, mit «Nicht gut, ich kann langsam nicht mehr» zu antworten. Anstatt mit gequältem Lächeln zu sagen: «Geht schon, ich darf mich ja nicht beschweren.»

Was uns mit den frühen Christ:innen, die auf die Rückkehr von Jesus warteten, verbindet, ist, dass wir nicht alleine sind. In dem Bibeltext heisst es neben dem «Ausharren» auch, dass wir einander «mit Zuspruch beistehen» sollen. Freund:innen halten es aus, wenn man verzweifelt. Sie hören zu, wenn man Zweifel äussert und Unmut darüber, die eigenen Eltern nicht mehr mit unbeschwertem Herzen besuchen und umarmen zu können.

Vermutlich liegt gerade hier das Gegenmittel gegen die Angst, paranoid zu werden. Optimismus und Glaube entstehen nicht in dürrem Erdboden. Sie müssen gegossen und von Liebe gewärmt werden.

Destillate statt Verwässertes
Echtes statt Fake
Erprobtes statt nur vom Hörensagen
Belastbares statt nur Theoretisches
Offenheit statt Intoleranz
Körperlichkeit statt einseitiger Vergeistigung
Denken statt blindem Fundamentalismus
Über und in allem Liebe – immer. | THEO |

Endlich darf ich gläubig sein und trotzdem Angst haben.
Angstfähigkeit ist ein genialer Gedanke. Und weil ich
jetzt weiss, dass ich die Angst gerne jeden Tag aufs
Neue überwinden kann, habe ich gar keine Angst mehr.
Druck weg, Angst weg … Amen! | SANDRINA |

ABOUT

EVELYNE BAUMBERGER, geboren 1983, startete 2005 ihren ersten Blog, inzwischen ist das Schreiben fürs Web ihr Beruf geworden. Sie steckt mitten in ihrem Theologiestudium in Zürich und Bern. Um offline zu gehen, streift sie am liebsten mit Rucksack und Zelt durch die Berge.

JOHANNA DI BLASI, geboren 1968, ist eine österreichische Kunsthistorikerin und Kulturjournalistin. Sie studierte Germanistik, Theologie und Kunstgeschichte in Wien und Berlin und arbeitete als Tageszeitungsredakteurin, bevor sie 2019 an der FU Berlin zum Humboldt Lab promovierte. Im RefLab findet sie die notwendigen Laborbedingungen und Freiräume für Experimente zwischen Kunst und theologischer Avantgarde.

THORSTEN DIETZ, geboren 1971, kommt aus dem Ruhrgebiet in der westlichen Mitte von Deutschland. Er ist dankbar, dass er als Professor für Systematische Theologie an der Evangelischen Hochschule TABOR seine Leidenschaft für das Lesen und zunehmend auch Schreiben zu seinem Beruf machen durfte. Seit 2016 ist er regelmässig auf Online- und Podcastformaten wie RefLab, Worthaus, Wort und Fleisch usw. zu finden.

KIRSTINE FRATZ, geboren 1973, ist seit ihrer Kindheit fasziniert vom steten Wandel in der Gesellschaft. Staunend beobachtet sie, wie altes Wissen und neues Denken eine Kultur heilsam voranbringen können. Die Kulturwissenschaftlerin hat sich das Wandlungsmysterium zwischen Zeit, Geist und Welt zur Profession gemacht. Als Zeitgeistforscherin gibt sie dem Geist der Zeit ein neues Profil.

STEPHAN JÜTTE, geboren 1983, schreibt irgendwo zwischen Zürich und Bern im Speisewagen die meisten Blogbeiträge und Podcastideen. Er leitet das RefLab und ist Teil einer vierköpfigen Familie. Geboren in Basel, seit 2012 der Liebe wegen in Bern, 2015 von der Uni Bern promoviert, seit 2016 glücklich bei der Zürcher Landeskirche.

FRIEDERIKE OSTHOF, geboren 1959, seit den 80er-Jahren des letzten Jahrhunderts arbeitet sie in verschiedenen Funktionen bei der Reformierten Kirche Zürich. Im RefLab war die Theologin von Anfang an mit dabei. Die Blogbeiträge lagen ihr besonders am Herzen. Theologisches und Ästhetisches sollte sich im Alltäglichen finden und für Lesegenuss sorgen. In ihrer neuen Funktion schreibt sie nicht mehr; sie lässt schreiben.

MANUEL SCHMID, geboren 1976, ist promovierter Theologe und RefLab-Redakteur. Er liebt die Kirche und hat eine Schwäche für Netflix-Serien. Dabei interessiert ihn immer auch, was sich in der Popkultur über die Gesellschaft lernen lässt und wie sich Gott heute zur Sprache bringt.

ANDREAS LOOS, geboren 1969, ist gelernter Automechaniker und lebt die Lust am Tüfteln heute theologisch aus. Seine akademische Reise brachte den Theologen via Vancouver (Kanada) und St. Andrews (Schottland) nach Basel. Dort arbeitet er als Dozent für Systematische Theologie am Theologischen Seminar St. Chrischona (tsc). Wohltuende Gottes- und Welterfahrung sammelt er auf dem Rennvelo.

LEELA SUTTER, geboren 1983, bezeichnet sich selbst als «Yoga Witch», kann vieles nicht ganz so ernst nehmen und liebt Bewegung in jeder Form. Ein Theologiestudium, über zehn Jahre als Journalistin bei den grossen Stationen, die eine oder andere Yogaausbildung sowie die Unberechenbarkeit des Lebens haben Leela Sutter dorthin gebracht, wo sie heute ist: in ein Leben, in dem sich alles um verkörperte Spiritualität dreht, selbst das Milchschäumen und Servieren von Pancakes im Kafi.

LUCA ZACCHEI, geboren 1977, Reflab-Redakteur, Slam Poet und Betriebswirt. Zwei Seelen wohnen, ach!, in seiner Brust und duellieren sich ständig, so wie damals Alberto Tomba und Pirmin Zurbriggen. Er selbst ist Schönwetterskifahrer auf vorwiegend blauen Pisten. Die Talstation erreicht er aufgrund der Schwerkraft immer.